KB059565

냥냥이랑 어휘로 과학 쏙

이은경, 이미선 지음

초등 4-2

학교는 재미있는데, 수업 시간은 좀 별로예요. 어렵고, 지루하고, 딱딱하고, 답답해요. 공부하기 싫어서 그런 것만은 아닌 것 같아요. 오늘은 열심히 해봐야지, 나도 공부 잘하고 싶어, 라고 굳게 결심한 날에도 수업 시간은 여전히 어렵고, 지루하고, 딱딱하고, 답답하거든요.

대체 나는 왜 이럴까요? 혹시 이런 고민해 본 적 있나요?

수업 시간이 지루하고 힘들어서 빨리 끝나기만을 바라는 우리 친구들의 딱한 표정을 안타깝게 바라보던 냥냥이 친구들이 있었어요. 이 친구들이 모두 모여 오랜 시간 고민한 끝에 드디어 그 이유를 찾아냈지요. 범인은 바로, 교과서 속 어휘! 어휘를 모르니 내용을 이해할 수 없는 거였어요.

우리 친구들이 보는 교과서에는 도저히 무슨 뜻인지 알 수 없는 어휘들이 툭툭 자꾸 튀어나와요. 이제 막 공부라는 것에 도전하려는 우리 친구들에게는 교과서 본문 속 어휘들이 너무나 낯설게 느껴졌을 거예요.

　어휘의 뜻만 미리 알고 있었다면 척척 이해되고 기억되었을 내용인데, 겨우 그것 때문에 지금껏 교과서와 친구가 되지 못했다니 억울할 지경이에요.

　그래서 냥냥이 친구들이 '짠' 하고 나타났어요. 공부를 열심히 해서 시험도 백 점 맞고 싶고, 나만의 소중한 꿈도 이루고 싶고, 오래오래 기억될 훌륭한 사람이 되고 싶은 친구들을 위해 꼭 기억해야 할 어휘를 골라 주고, 설명해 주고, 교과서에서 찾아 주고, 퀴즈도 내줄 거예요. 어휘 공부가 끝나면 새롭게 알게 된 어휘를 내 것으로 만들어 버릴 교재가 기다리고 있으니 활용해 보세요.

　이제 냥냥이가 이끄는 대로 즐겁게 한 발씩 따라가기만 하면 돼요. 그럼 자연스럽게 수업 시간이 만만하고, 즐겁고, 시간이 후딱 지나가는 제법 해볼 만한 도전이 될 거예요.

　　　　　　　　　　　　　　　새롭고 힘찬 새학기의 시작을 응원하며
　　　　　　　　　　　　　　　냥냥이 친구들이

이 책의 구성과 특징

개념어의 뜻을 설명해 준다.

02 사례

어떤 일이 전에 실제로 일어난 예

개념어가 한자어인 경우 그 음과 뜻을 알려 주고, 한자어가 아닌 경우 개념어의 어원이나 유래, 비슷한 말 따위를 알려 준다.

어휘교실

이게 있을 수 있는 일이냥?

그럼! 전에도 이것과 비슷한 사례가 있었어.

事 例

일 **사**   보기 **례**

교과서에서 개념어가 사용된 문장을 통해 개념어에 대한 이해를 높인다.

교과서 속 어휘찾기

• 식물의 특징을 모방하여 생활용품을 만든 사례를 조사하여 발표하였다.

• 식물의 특징을 활용한 사례로 발표 자료를 만들었다.

어휘친구 를 부탁해!   고마운 마음을 전하는 사례도 있어

🐱 이 옷 어떠냥? 이게 바로 연잎의 특징을 활용해서 만든, 물이 스며들지 우비야. 선물 받고 오늘 처음 입었어.

🐱 나도 알지! 식물의 특징을 활용한 대표적 사례잖아.

🐱 맞아. 선물을 받았으니 나도 그분께 사례를 해야겠어. 음을 전하는 사례 말야.

> 개념어의 확장된 의미에 대해 알려 주어 개념어만 공부하는 것이 아니라 폭넓은 어휘를 학습할 수 있게 한다.

퀴즈대결

1. 다음 중 바람을 타고 빙글빙글 돌며 떨어지는 단풍나무 열매의 특징을 활용한 사례에 해당하는 것은?

　① 로이　　　　② 헬리콥터　　　③ 폴리　　　④ 앰버

2. 환경오염을 줄일 수 있는 방법을 구체적인 (　　　)을/를 들어 설명하는 했다.

> 간단한 형태의 퀴즈를 풀며 개념어를 이해했는지 확인한다.

괜찮냥의 하루

> 개념어를 사용한 재미있는 냥냥이들의 만화를 통하여 자연스럽게 개념어를 한번 더 알게 한다.

낭냥이의
서술어 충전소

갈라지다

오랫동안 비가 오지 않아 가뭄이 든 논을 본 적 있니? 마른 땅에 물기가 하나도 없어 마치 거북이 등딱지처럼 쩍쩍 갈라져 있는 모습을 보면 너무 안타까워. 그걸 보는 농민들의 마음도 무척 아플 것 같아. '갈라지다'는 쪼개지거나 금이 간다는 뜻을 가진 단어야.

서술어에 대한 뜻과 활용한 문장을 설명한다.

서술어 친구들

비슷한 말 · 반대말

짜개지다

결합하다

갈라지다

찢어지다

뭉치다

서술어의 비슷한 말과 반대말을 알아본다.

개념어랑 서술어랑

관측, 규모, 지진, 대처 + 갈라지다

우리나라에는 지진을 관측하는 지진관측소가 있어. 지진이 발생하면 땅이 흔들리고 도로가 갈라지면서 큰 피해가 생기니까 관측소에서 지진의 규모, 발생 위치 등을 분석해서 사람들이 지진에 대처할 수 있도록 돕는 거지.

여기에서 지진을 관측하는구나.

지진 관측소

각 단원에서 배운 개념어와 서술어를 조합하여 개념어와 서술어가 아우러진 문장을 학습한다.

차례

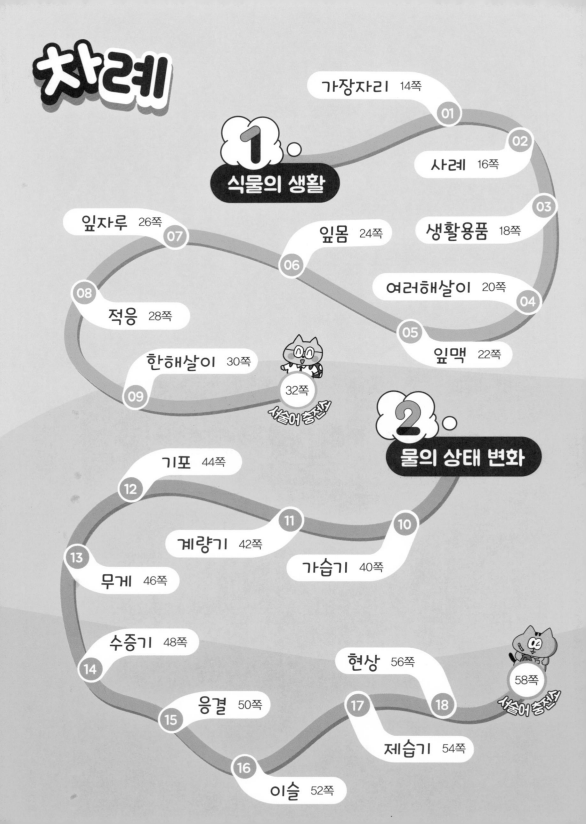

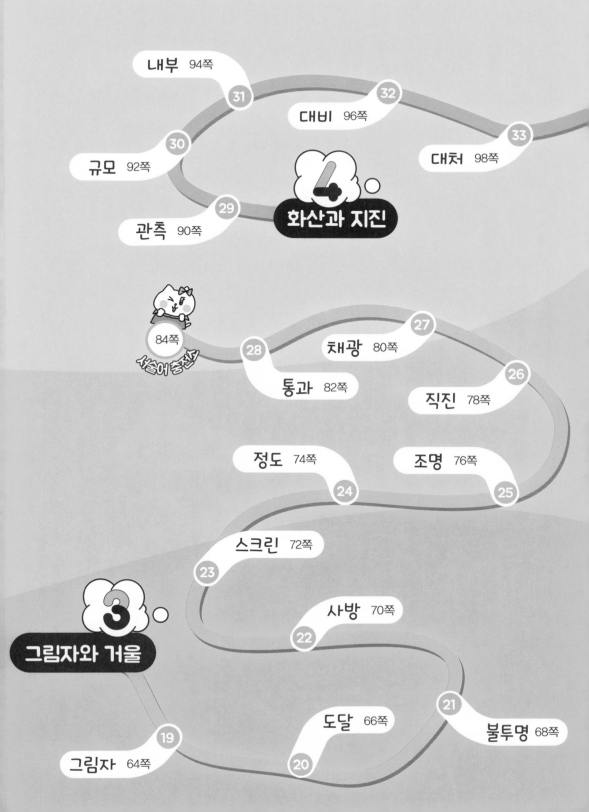

등장 인물 소개

괜찮냥

언제나 친구들을 먼저 따뜻하게 챙긴다.
친구에게 어려움이 있을 때 괜찮냐고 묻고 도와준다.

머라냥

친구들의 말을 열심히 안 듣고 있다가
나중에 엉뚱한 소리를 한다.

예쁘냥

예쁘고 발랄한 공주님 같은 고양이.
예쁜 것을 보면 정신을 못차리고 갖고 싶어 한다.

모르냥

잘 몰라서 새로운 내용이 나올 때마다 깜짝 놀란다.
친구들이 알려 주면 고마워한다.

알갓냥

똑똑하고 아는 게 많고 책을 좋아하고 자신감이 넘치고
잘난 척을 한다.

어쩌냥

사고를 치고 덜렁거리며 구멍이 많지만 해맑다.
일부러 그러는 건 아니지만 친구들에게 피해를 줄 때도 있다.

1.

식물의 생활

무엇을 배우나요?

1단원에서는 식물을 관찰하여 특징에 따라 분류 기준을 세워 분류하고, 다양한 환경에 사는 식물의 생김새와 특징을 알아볼 거예요. 또 생활 속에서 식물의 특징을 모방한 사례를 찾아보고, 식물의 특징을 활용한 생활용품을 설계해 볼 거예요.

가장자리

사례

생활용품

여러해살이

잎맥

잎몸

잎자루

적응

한해살이

매끈하다

뻗다

저장하다

나다

휘다

내리다

01 가장자리

둘레나 끝에 해당되는 부분

 어휘교실

사물의 **둘레**에 해당하는 것으로,
중앙에서 벗어난 자리를 가리킨다.

교과서 속 어휘찾기

- 식물을 잎이 생긴 모양에 따라 분류할 때에는 잎의 전체적인 모양과 **가장자리** 모양, 잎맥의 모양 등을 기준으로 분류할 수 있다.

- 식물을 분류할 때 '잎의 **가장자리**가 톱니 모양인가?'를 기준으로 분류할 수 있다.

14

이 잎은 자세히 보니 가장자리가 톱니 모양이네.

응? 어디에 톱니가 달려 있다는 거냥?

잎의 테두리 부분인 둘레를 잘 보면 톱니처럼 뾰족한 모양을 하고 있잖냥!

아! 그러네? 그리고 가장자리를 둘레라고도 하는구나!

1. 다음 중 가장자리의 모양이 다른 하나는?

① ✴   ② Ⓟ   ③ ◖◗   ④ ☺

2. 다음 (   ) 안에 공통으로 들어갈 단어는?

- 침대 (   )에 걸터앉았다.
- 책 (   )가 살짝 찢어졌다.

① 이부자리   ② 돗자리   ③ 가장자리   ④ 별자리

어쩌냥의 하루

사례

어떤 일이 전에 실제로 일어난 예

事	例
일 **사**	보기 **례**

교과서 속 어휘찾기

• 식물의 특징을 모방하여 생활용품을 만든 **사례**를 조사하여 발표하였다.

• 식물의 특징을 활용한 **사례**로 발표 자료를 만들었다.

 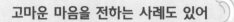

이 옷 어떠냥? 이게 바로 연잎의 특징을 활용해서 만든, 물이 스며들지 않는 우비야. 선물 받고 오늘 처음 입었어.

나도 알지! 식물의 특징을 활용한 대표적 사례잖아.

맞아. 선물을 받았으니 나도 그분께 사례를 해야겠어. 상대방에게 고마운 마음을 전하는 사례 말야.

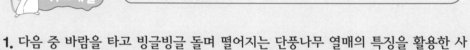

1. 다음 중 바람을 타고 빙글빙글 돌며 떨어지는 단풍나무 열매의 특징을 활용한 사례에 해당하는 것은?

① 로이   ② 헬리콥터   ③ 폴리   ④ 앰버

2. 환경오염을 줄일 수 있는 방법을 구체적인 (   )를 들어 설명하는 수업을 했다.

괜찬냥의 하루

03 생활용품

생활에 필요한 물품

교과서 속 어휘찾기

- 식물의 생김새는 **생활용품**부터 건물에 이르기까지 다양하게 활용된다.

- 식물의 생김새를 활용한 **생활용품**을 디자인하였다.

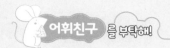

🐱 우리 동네에 생활용품 할인 매장이 새로 생겼대.

🐱 어떤 것들이 있는지 한번 구경 가 볼까?

🐱 우아! 여기 접시, 국자 같은 주방용품도 있고, 바구니 같은 수납용품도 있고, 수건, 칫솔꽂이 같은 욕실용품도 있네. 생활용품의 종류가 정말 많구나.

1. 다음 중 생활용품에 해당하지 <u>않는</u> 것은?

　　① 우산꽂이　　　② 접시　　　　③ 젓가락　　　④ 장난감

2. 다음 생활용품 중 종류가 <u>다른</u> 한 가지는?

　　① 이불　　　　② 프라이팬　　　③ 베개　　　④ 쿠션

예쁘냥의 하루

04 여러해살이

식물이 2년 이상 생존하는 일, 또는 그런 식물

어휘교실

어? 이 나무!
지난 겨울에 죽은 줄로만
알았는데?

나무는 여러해살이 식물이야.
겨울을 보내고 다음 해에
또 꽃이 피고 열매를 맺는다고.

여러해살이는 해마다 잎과 줄기는 죽더라도 뿌리가 말라 죽지 않고
겨울을 보낸 후 이른 봄에 새싹이 나와 성장하며,
꽃 피고 열매 맺는 **과정을 되풀이**하는 것을 말한다.

교과서 속 어휘찾기

• 여러해살이 식물은 2년 이상 겨울을 이겨내고 생존하는 식물이다.

• 식물은 한해살이, 두해살이도 있고 **여러해살이**도 있다.

🐱 씨가 싹이 터서 자라고 꽃을 피우고 열매를 맺는다는 건 정말 대단한 일인 것 같아.

🐱 맞아. 그걸 식물의 한살이라고 하지. 그 과정을 여러 해 동안 반복하는 식물을 여러해살이 식물이라고 하는 거고.

🐱 아하! 그래서 같은 나무에서 매년 계속 밤이 열렸던 거구냥.

🐱 하하. 그렇지.

 냥냥이와 퀴즈대결

1. 다음 중 여러해살이 식물에 해당하는 것은?

① 감나무   ② 국수나무   ③ 소원나무   ④ 꿈나무

2. 대표적인 여러해살이 식물이면서 집을 짓거나 가구 등을 만들 때 사용되는 재료는?

① 유리   ② 벽돌   ③ 시멘트   ④ 나무

머라냥의 하루

21

잎맥

잎살 안에 분포되어 있는 관다발과 그것을 둘러싼 부분. 잎의 형태를 유지해 주고 잎 속의 물과 영양분이 지나가는 길의 역할을 함.

어휘교실

이 두 나뭇잎은 잎의 무늬가 다르네?

그건 잎맥이라고 하는 거야. 잎마다 잎맥의 모양이 달라.

잎 脈
줄기 맥

교과서 속 어휘찾기

- 잎의 종류에 따라 전체적인 모양과 **잎맥**의 모양, 잎 표면의 생김새 등이 다르다.

- 식물의 잎을 생김새에 따라 분류할 때의 기준에는 잎의 가장자리 모양, 끝 모양, **잎맥**의 모양 등이 있다.

 **그물맥과 나란히맥**

😺 이거 봐! 잎에도 손금이 있어.

😺 하하. 손금? 그건 잎맥이라고 하는 거야. 나란히 평행하게 배열되어 있으면 나란히맥, 그물처럼 얽혀 있으면 그물맥이라고 하지.

😺 어! 그리고 보니 네 이마에도 나란히맥이 보이는걸?

😺 뭐야?

1. 잎의 형태를 유지해 주고, 물과 영양분의 이동 통로 역할을 하는 부분을 (　　　　) 이라고 한다.

2. 다음 중 잎맥의 모양이 <u>다른</u> 것은?

알갓냥의 하루

23

잎몸

잎사귀를 이루는 넓은 부분. 잎맥과 잎살로 이루어짐.

잎몸은 잎의 가장 중요한 부분으로, 햇빛을 받기 쉽도록 모양이
평평하다. 잎몸의 형태는 매우 다양하며 갈라지기도 하고
가장자리에 톱니가 있기도 하다.

교과서 속 어휘찾기

• 잎맥이 퍼져 있는 잎의 납작한 부분을 **잎몸**이라고 한다.

• **잎몸**은 잎사귀를 이루는 넓은 부분이다.

잎몸에 구멍(기공)이?

잎몸에 구멍이 있다는데 나한테는 도통 보이지 않네.

잎 표면에 있는 공기구멍을 말하는 거구나? 그건 기공이라는 건데, 기공은 우리 눈에 보이지 않을 만큼 작아.

눈에 보이지도 않는 구멍은 왜 있는 거냥?

기공을 통해 잎이 숨을 쉬고 물이 수증기의 형태로 빠져나가기도 해.

냥냥이와 **퀴즈대결**

1. 잎을 이루는 넓은 부분으로, 잎마다 '이것'의 모양이 달라 잎을 분류할 수 있는 기준이 되는 것은?

　① 잎손　　　　② 잎몸　　　　③ 잎머리　　　　④ 잇몸

2. 잎몸은 잎사귀를 이루는 넓은 부분으로, 잎맥이 퍼져 있다. (O, X)

괜찮냥의 하루

 잎자루

잎몸을 줄기나 가지에 붙게 하는 꼭지 부분. 잎을 햇빛의 방향으로 향하게 함.

어휘교실

잎자루는 잎몸과 줄기를 연결하는 부분으로, 이것이 없는 식물도 있다. 잎몸이 햇빛을 많이 받을 수 있도록 비틀어져 있다.

교과서 속 어휘찾기

- 식물의 잎은 가장자리의 생김새, **잎자루**에 달린 잎의 개수 등을 기준으로 분류할 수 있다.

- 겹잎은 한 **잎자루**에 잎이 여러 장 달린 것을 말한다.

잎집은 잎이 사는 집?

🐱 잎자루 없이도 잎몸과 줄기가 연결될 수 있냥?

😺 응. 잎자루 없이 잎이 직접 줄기에 붙어있기도 하고 때로는 잎몸의 밑 부분이 집 모양으로 되어 줄기를 싸고 있는 잎집으로 연결되기도 해.

🐱 우아! 줄기를 싸고 있다니, 왠지 잎집은 포근한 느낌이 들어.

 냥냥이와 퀴즈대결

1. 다음 중 잎몸과 줄기를 연결하는 부분을 이르는 말은?

① 칼자루   ② 마대자루   ③ 포대자루   ④ 잎자루

2. 잎자루가 없으면 잎몸과 줄기가 연결될 수 없다. (O, X)

머라냥의 하루

27

08 적응

생물이 주위 환경에 적합하도록 형태적, 생리학적으로 변화함. 또는 그런 과정.
생물이 환경에 맞추어 살아가는 현상

어휘교실

선인장 잎은 왜 이렇게 가시처럼 가늘고 뾰족하냥?

선인장은 물이 적은 사막에서 살아야 하니까 환경에 알맞게 적응한 거지.

適 맞을 **적**

應 응할 **응**

교과서 속 어휘찾기

• 생물이 자신이 살고 있는 곳의 환경에 맞추어 변화하는 것을 **적응**이라고 한다.

• 식물들은 주변 환경에 다양한 방식으로 **적응**해서 살아간다.

  **생활 방식이 달라!**

😺 식물은 주위 환경에 맞게 적응을 참 잘하는 것 같아.

😼 그래서 저마다 사는 곳의 환경에 알맞은 생김새와 생활 방식으로 살아가지.

😺 생활 방식?

😼 응. 생활해 나가는 일정한 방법이나 형식 말야. 물이 적으면 물을 잘 저장하고 추우면 키가 작고 땅속 깊이 뿌리를 내리지 않는 방법으로 살아가는 거야. 참 지혜롭지 않냥?

1. 생물이 오랜 기간에 걸쳐 환경에 알맞게 변하는 것을 뜻하는 어휘는?

　　① 변신　　　　　　② 적응　　　　　　③ 분장　　　　　　④ 변화

2. 다음 중 식물이 환경에 적응한 예로 알맞지 <u>않은</u> 것은?

　　① 가시 모양의 선인장　　　　　　② 공기주머니가 있는 부레옥잠

　　③ 키가 작은 갯방풍　　　　　　　④ 밥을 많이 먹는 고양이

괜찬냥의 하루

09 한해살이

봄에 싹이 터서 그해 가을에 열매를 맺고 죽는 일. 또는 그런 식물

어휘교실

우아! 예쁘다.
꼬투리가 통통해졌어.

잘 자라고 있네.
이건 대표적인 한해살이
식물인 강낭콩이야.

일 년 동안 생존하는 식물을 통틀어 **한해살이** 식물이라고 한다.
식물의 한살이 과정이 **1년 이내**에 이루어지는 식물로,
다음 해에 씨를 다시 심어야 대를 이을 수 있다.

교과서 속 어휘찾기

• 나무는 모두 여러해살이 식물이지만 풀은 대부분 한해살이 식물이다.

• 한해살이 식물에는 해바라기, 나팔꽃, 토마토, 옥수수, 벼 등이 있다.

 를 부탁해!

여러해살이 기억하지?
여러해살이 기억하지?

🐭 지난번에 배운 식물의 한살이 기억해?

🐱 그럼! 씨가 싹 터서 자라고 꽃을 피우고 열매를 맺는 과정을 말하는 거잖냥?

🐭 한살이 과정이 한 해 동안 이루어지느냐, 여러 해 반복되느냐에 따라 식물의 종류가 둘로 나뉘지.

🐱 한 해 동안 이루어지면 한해살이 식물, 여러 해 동안 반복되면 여러해살이 식물! 나도 열심히 복습했다고.

1. 다음 중 한해살이 식물에 해당하지 <u>않는</u> 것은?

① 강낭콩   ② 벼   ③ 옥수수   ④ 하루살이

2. 감나무는 (한해살이, 여러해살이) 식물이고, 강낭콩은 (한해살이, 여러해살이) 식물이다.

어쩌냥의 하루

31

나다

냥냥이의
서술어 충전소

지구가 병들고 있나 봐. 여름은 매년 더 더워지고 겨울은 매년 더 추
워지고 있어. 지난 밤에 열대야로 정말 고생했는데 다가올 추운 겨
울은 또 어떻게 나야 할지 걱정된다. 이렇게 사람이 어디에서 일정
기간을 생활하며 지내는 것을 '나다'라고 해.

비슷한 말   반대말

**서술어
친구들**

보내다

나다

지내다

**개념어랑
서술어랑**

여러해살이, 한해살이 + 나다

나무는 대부분 가을에 잎을 떨어뜨리고 땅속의 뿌리와
땅 위의 줄기가 살아남아 겨울을 나. 여러해살이풀은 씨
와 땅속 부분이 살아남아 겨울을 나고 한해살이풀은 씨
로만 겨울을 나지.

겨울을 나고 다시
싹이 돋았구나.

32

매끈하다

얼마 전 태어난 내 동생 얼굴은 정말 부드럽고 사랑스러워.
이렇게 흠이나 거친 데가 없이 부드럽고 반드러운 것을 '매끈하다'
고 해. 그런데 지난 명절에 시골에 가서 할아버지의 손을 잡아보고 깜짝 놀랐
어. 평생 가족을 위해 농사지으시느라 손이 너무 거칠어지셨더라고.

비슷한 말　　반대말

서술어 친구들

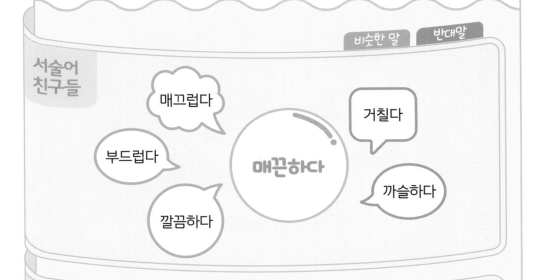

매끄럽다

부드럽다

깔끔하다

매끈하다

거칠다

까슬하다

개념어랑 서술어랑

가장자리, 잎몸 + 매끈하다

식물의 잎은 모양도 촉감도 참 다양해. 잎몸의 가장자리
가 매끈한 것도 있고 톱니 모양을 한 것도 있지. 또 잎
몸을 만졌을 때의 촉감도 털이 없이 매끈한 것도 있고
까슬한 것도 있지. 오늘 내 얼굴은 유독 매끈하지 않니?

내 피부는
정말 부드러워.

문질
문질

뻗다

들이나 산에서 사는 식물은 대부분 뿌리를 땅에 뻗고 살아가. 가지나 덩굴, 뿌리 따위가 길게 자라나는 걸 '뻗다'라고 하지. 옛말에 '지진이 발생하면 대나무숲으로 피하라'는 말이 있어. 대나무의 질긴 뿌리가 서로 얽히며 땅속에서 튼튼한 그물망을 만들어 주기 때문이지.

서술어 친구들

비슷한 말   반대말

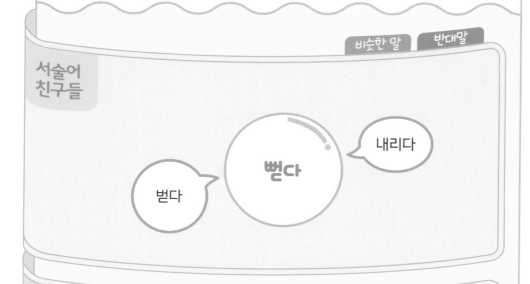

벋다   뻗다   내리다

개념어랑 서술어랑

잎맥 + 뻗다

고구마 잎을 본 적 있어? 고구마 잎을 자세히 들여다보면 잎의 한 가운데에 가장 굵은 잎맥이 있어. 그 굵은 맥에서 좌우로 뻗어 나간 잎맥이 있지. 마치 그물처럼 말야. 그래서 그물맥이라고 하는 거야.

이게 그물맥이구나.

저장하다

사막에 사는 선인장이나 바오바브나무 줄기가 왜 굵은지 알 아? 굵은 줄기에 물을 저장해서 오랫동안 비가 내리지 않는 환경에 서도 살기 위해서야. 선인장에게 굵은 줄기는 물 보관 창고라고 할 수 있지. 이렇게 물건 따위를 모아서 쌓아두거나 보관하는 것을 '저장하다'라고 해.

서술어 친구들

비슷한 말   반대말

두다

저장하다

간수하다

갈무리하다

개념어랑 서술어랑

생활용품 + 저장하다

엄마는 한 달에 한 번 마트에 가서 각종 **생활용품**을 사 오시는데. 그 물건들을 베란다 옆 창고에 차곡차곡 쌓아 놓으셔. 창고는 **생활용품**을 저장하기에 참 좋은 장소야. 참, 내 비상식량을 서랍에 저장해 두었다는 건 비밀!

난 간식을 서랍에 저장해 두었지.

수북—

35

휘다

혹시 TV에서 쇠젓가락을 구부리는 마술을 본 적 있어? 강한 쇠가 마치 엿가락 처럼 옆으로 휘는 게 얼마나 신기하던지. 그걸 보고 나도 한번 해 보겠다고 하루 종일 젓가락이랑 씨름을 했지만 꿈쩍도 하지 않았어. 이렇게 꼿꼿하던 물체가 구부러지는 것을 '휘다'라고 해.

서술어 친구들

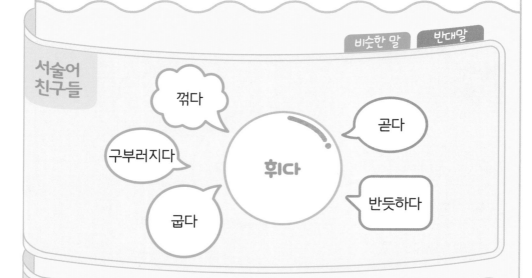

비슷한 말 | 반대말

꺾다
구부러지다
굽다
휘다
곧다
반듯하다

개념어랑 서술어랑

잎자루 + 휘다

식물도 병에 걸린다는 것 알아? 꽃이 마르고, 잎자루를 따라 색이 변하면서 어린 가지가 갈고리 모양으로 휘고, 불에 탄 듯이 마르는 증상을 보이는 병이 있대. 아직까지 치료제가 없다니 병에 걸리기 전에 예방하는 게 중요하겠지.

너희들도 감염병 예방 수칙 잘 지키고 있지?

36

내리다

들과 산에 사는 식물은 대부분 땅에 뿌리를 내리고 살아. 큰 나무들이 땅 속 깊이 뿌리를 내리고 살다가 비가 오거나 세월이 지나 땅이 파이면서 그 뿌리가 겉으로 드러나기도 하지. 이렇게 뿌리가 땅 속으로 파고 들어가는 것을 뿌리가 '내리다'라고 해.

서술어
친구들

비슷한 말 반대말

착근하다

뿌리박다

내리다

개념어랑 서술어랑

적응, 사례 + 내리다

식물은 사는 곳에 따라 생김새와 생활 방식이 달라져. 들과 산에 사는 식물은 땅에 뿌리를 내리고 살고, 연못이나 강가에 사는 식물은 몸의 일부나 전체가 물속에 잠기거나 떠서 살지. 각자 알맞게 환경에 적응한 사례야.

이제 새로운 환경에 적응해야겠군.

이삿짐센터

끽!

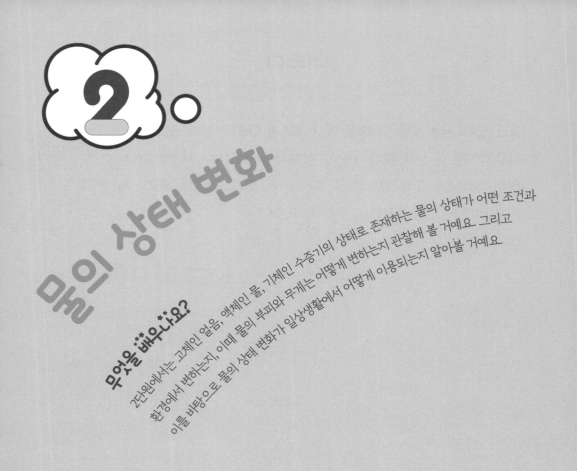

2.

물의 상태 변화

무엇을 배우나요?

2단원에서는 고체인 얼음, 액체인 물, 기체인 수증기의 상태로 존재하는 물의 상태가 어떤 조건과 환경에서 변하는지, 이때 물의 부피와 무게는 어떻게 변하는지 관찰해 볼 거예요. 그리고 이를 바탕으로 물의 상태 변화가 일상생활에서 어떻게 이용되는지 알아볼 거예요.

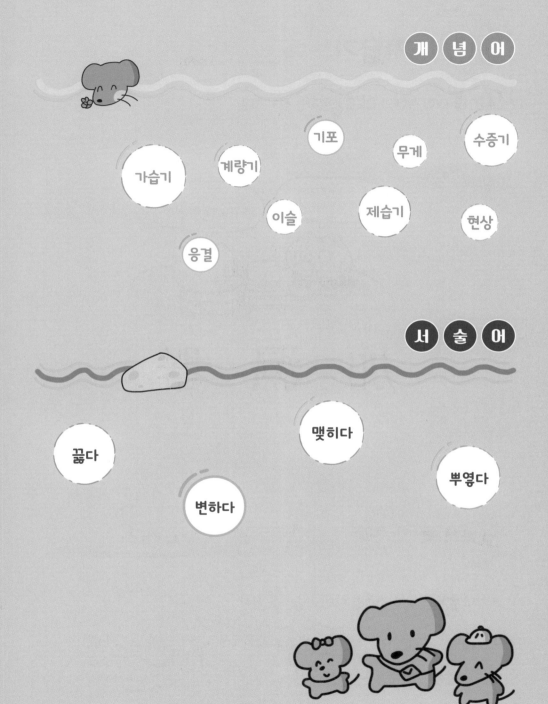

개 념 어

수증기

기포

무게

가습기

계량기

제습기

현상

이슬

응결

서 술 어

맺히다

끓다

뿌옇다

변하다

10 가습기

수증기를 내어 실내의 습도를 조절하는 전기 기구

어휘교실

> 방 안이 건조해서 그런지 코가 막히네.

> 그러냐? 그럼 가습기를 틀어야겠다!

加 더할 가

濕 젖을 습

器 그릇 기

교과서 속 어휘찾기

• 실내 습도가 낮아 건조할 때는 가습기를 튼다.

• 가습기가 없을 때에는 숯이나 솔방울을 활용해서 실내의 건조함을 해결할 수 있다.

40

 를 부탁해!

🐱 가습기를 틀어 두니까 건조함이 금세 사라지네.

🐱 그래서 가습기는 겨울철 건조한 실내에서 많이 사용해. 반대로 습기가 많은 장마철에는 제습기를 많이 사용하지.

🐱 제습기?

🐱 응. 제습기는 습기를 없앨 때 사용하는 기계야.

1. 다음 중 수증기를 내어 실내의 습도를 조절하는 전기 기구는?

① 가습기   ② 계산기   ③ 청소기   ④ 게임기

2. 습기가 많은 장마철에는 습기 제거를 위해 (   )를 튼다.

알갓냥의 하루

계량기

수량을 헤아리는 데 쓰는 기구

計 셀 **계** **量** 헤아릴 **량(양)** **器** 그릇 **기**

교과서 속 어휘찾기

- 겨울철에 수도관의 물이 얼면 물의 부피가 늘어나 수도관에 연결된 **계량기**가 터지기도 한다.

- 겨울철에 갑자기 기온이 내려갈 때를 대비해서 수도 **계량기**를 미리 점검해야 한다.

**어휘친구** 를 부탁해!

계량기 동파를 막아라!

신문에 '겨울철 한파로 인한 수도 계량기 동파를 막기 위해……'라는 기사가 있던데, 이게 무슨 말이냥?

한파는 겨울철에 기온이 갑자기 내려가는 것을 말하고, 동파는 얼어서 터지는 것을 말해. 즉, 추운 겨울에는 수도 계량기가 얼어서 터질 수 있다는 거지.

헉! 그럼 안 되지. 내가 얼른 가서 따뜻하게 안고 있어야겠다.

퀴즈대결

1. 다음 문장에 공통으로 들어갈 수 있는 기구는?

> • 전기 기구를 많이 사용하면 (   )가 빨리 돌아간다.
> • 수도 요금이 얼마나 나왔는지 알려면 수도 (   )를 확인해야 한다.

2. 다음 중 어울리지 <u>않는</u> 단어는?

① 수도 계량기   ② 전기 계량기   ③ 가스 계량기   ④ 야식 계량기

괜찮냥의 하루

이번 달에 전기를 많이 사용했는데, 전기 요금이 많이 나올까 봐 걱정이야.

그럼 계량기를 한번 확인해 봐.

계량기 숫자로 전기 사용량을 알 수 있어.

44820

계량기가 뭐냥? 난 그런 거 모르는데?

12 기포

액체나 고체 속에 기체가 들어가 거품처럼 둥그렇게 부풀어 있는 것

교과서 속 어휘찾기

• 물을 계속 가열하면 물속에서 작은 **기포**가 생기면서 물 위로 올라와 터지는 것을 볼 수 있다.

• **기포**는 액체인 물이 기체인 수증기로 변해서 생기는 것이다.

물속에서 보글보글 방울이 생겨서 위로 올라와!

물을 가열하면 물속에서 기포가 생겨. 이 기포는 물이 수증기로 변한 건데, 물의 표면뿐 아니라 물속에서도 물이 수증기로 변하는 현상을 '끓는다'라고 해.

어! 그럼 지금 물이 끓고 있는 거구나. 얼른 라면 넣자.

 퀴즈대결

1. 물을 가열하면 물속에서 (   )가 생기는데, 이는 물이 수증기로 변하면서 물위로 올라오는 것이다.

2. 다음 중 기포를 관찰할 수 있는 것이 <u>아닌</u> 것은?

① 사이다   ② 콜라   ③ 쥐포   ④ 끓는 물

예쁘냥의 하루

45

13 무게

물건이 무거운 정도

 어휘교실

무게는 물건의 **무거운 정도**를 나타내며,
'가볍다' 혹은 '무겁다'로 표현한다.

교과서 속 어휘찾기

• 물이 얼어서 얼음이 되면 부피는 늘어나지만 무게는 변하지 않는다.

• 얼음이 녹아서 물이 될 때에도 부피는 줄어들지만 무게는 변하지 않는다.

 **어휘친구**를 부탁해!

무게를 어떻게 잡아?

🐱 오늘따라 왜 이렇게 무게를 잡지? 무슨 일 있어?

🐱 무게를 잡다니? 무게를 어떻게 잡냥?

🐱 '무게를 잡다'는 점잖은 척하며 분위기를 무겁게 만든다는 뜻이야.

🐱 왜 이러냥? 난 원래 얌전하고 점잖은 냥이라고.

  **퀴즈대결**

1. 물건이 무거운 정도를 나타내는 말은?

　① 무지개　　　　　② 부피　　　　　③ 무도　　　　　④ 무게

2. 다음 중 무게와 어울리지 <u>않는</u> 문장은?

　① 무게를 사다.　　　　　② 무게를 재다.

　③ 무게를 줄이다.　　　　　④ 무게를 늘리다.

알갓냥의 하루

14 수증기

기체 상태로 되어 있는 물. 물이 증발하여 기체 상태로 된 것

물 **수**   찔 **증**   기운 **기**

교과서 속 어휘찾기

• 물이 고체 상태일 때는 얼음, 증발하여 기체 상태일 때는 수증기라고 한다.

• 주전자의 물이 끓는 것은 물이 기체 상태의 수증기로 변하는 현상이다.

 **어휘친구**를 부탁해! 수증기와 김은 같을까, 다를까?

저 분식집 만두 찜통에서 수증기가 모락모락 올라오는 게 너무 맛있어 보인다.

저기 하얗게 올라오는 거 말이냥? 저건 김이라고 해. 수증기가 공기 중으로 나왔을 때 찬 기운을 받아 식으면서 작은 물방울로 변한 것으로, 우리 눈에는 하얗게 보이지.

아하!

 냥냥이와  **퀴즈대결**

1. 젖은 손의 물이 말라서 사라지는 것처럼 보이는 것은 수증기가 눈에 보이지 않는 기체이기 때문이다. (O, X)

2. 액체인 물은 고체나 기체로 상태가 변할 수 있다. 물이 고체 상태일 때는 얼음, 기체 상태일 때는 (   )라고 한다.

머라냥의 하루

49

15 응결

포화 증기의 온도 저하 또는 압축에 의하여 증기의 일부가 액체로 변하는 현상.
수증기가 물로 변하는 현상

凝 | 結
엉길 **응** | 맺을 **결**

교과서 속 어휘찾기

• 기체 상태인 수증기가 액체 상태인 물로 변하는 현상을 응결이라고 한다.

• 뜨거운 냄비의 뚜껑 안쪽에 맺힌 물방울이나 추운 날 실내에 들어갔을 때 안
경에 맺히는 물방울 등은 우리 주변에서 볼 수 있는 응결의 예이다.

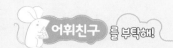

아침에 수증기가 응결되어서 풀잎에 물방울이 많이 맺히면 풀잎이 젖는 거 아니냥?

하하. 걱정하지 마. 햇볕이 많이 내리쬐는 낮이 되면 물방울이 다시 수증기로 변하거든. 물이 표면에서 수증기로 변하는 걸 증발이라고 해.

아하! 증발하면 물이 금세 마르겠구나.

1. 우리 주변에서 볼 수 있는 응결의 예가 <u>아닌</u> 것은?

   ① 안경에 맺힌 물방울   ② 새벽에 풀잎에 맺힌 이슬방울

   ③ 내 눈에 맺힌 눈물방울   ④ 냄비 뚜껑 안쪽에 맺힌 물방울

2. 차가운 토마토주스가 담긴 컵을 책상 위에 올려 두었을 때 컵 표면에 물방울이 맺혀 흐르는 것은 (   ) 때문이다.

어쩌냥의 하루

16 이슬

공기 중의 수증기가 기온이 내려가거나 찬 물체에 부딪힐 때 엉겨서 생기는 물방울

호롱 호롱 호롱
산새소리에 잠 깨어
뜰로 나가니♪

풀잎마다
송송이 맺힌 이슬
아름다워♫

이슬은 주로 서늘한 밤이나 아침에 풀잎이나 꽃잎 따위에 맺힌다.

교과서 속 어휘찾기

• 이른 아침 풀잎이나 꽃잎에 맺힌 **이슬**은 공기 중의 수증기가 응결하여 생긴 것이다.

• **이슬**은 바람이 없고 맑은 밤, 땅에 가까운 풀잎에 더 잘 맺힌다.

 를 부탁해!

이슬과 서리는 어떻게 다를까?

앗! 땅이 미끄러워. 날이 추워서 이슬도 얼었나 봐.

그건 이슬이 언 게 아니라 서리라고 하는 거야. 기온이 많이 내려가는 겨울에는 공기 중의 수증기가 얼어붙은 서리가 생기는 거야.

아하! 이슬은 물방울, 서리는 얼음이구나.

 퀴즈대결

1. 다음 중 의미가 <u>다른</u> 하나는?

① 밤이슬   ② 새벽이슬   ③ 이슬방울   ④ 이슬비

2. 이른 아침 풀잎이나 꽃잎에 맺힌 (   )은 공기 중의 수증기가 응결하여 생긴 것이다.

괜찮냥의 하루

53

제습기

2. 물의 상태 변화

습기를 없애기 위해 사용하는 기계

교과서 속 어휘찾기

• 공기 중의 수분을 직접 흡수하거나 수증기를 응결시켜 습기를 없애는 생활용품을 제습기라고 한다.

• 습기가 많으면 곰팡이가 생기고, 일상생활에서 불쾌감이 들 수 있으므로 제습기를 사용하여 습기를 제거한다.

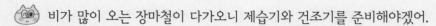

비가 많이 오는 장마철이 다가오니 제습기와 건조기를 준비해야겠어.

제습기와 건조기까지? 둘은 뭐가 다른 거냥?

제습기가 공기 중의 수증기를 응결시켜 습기를 없앤다면 건조기는 물체 표면의 물을 증발시켜 말리는 장치라고 할 수 있지.

 냥냥이와 **퀴즈대결**

1. 공기 중의 수증기를 (   )시켜 습기를 없애는 생활용품을 (   )라고 한다.

2. 다음 중 제습기를 많이 사용하는 계절은?

① 햇볕 따뜻한 봄   ② 습도가 높은 여름

③ 곡식이 익어가는 가을   ④ 춥고 건조한 겨울

알갓냥의 하루

18 현상

인간이 지각할 수 있는 사물의 모양과 상태. 사물이나 어떤 작용이 드러나는 바깥 모양새

어휘교실

어젯밤에 더워서 잠을 잘 못 잤어.

밤에도 계속 더운 열대야 현상이 나타나서 그랬나 보다.

現 나타날 **현**

象 코끼리 **상**

교과서 속 어휘찾기

- 추운 겨울에 수도 계량기가 터지는 것은 물이 얼어 부피가 늘어나기 때문에 생기는 **현상**이다.

- 강물이 어는 것은 물이 얼음으로 변하는 **현상**이고, 주전자의 물이 끓으면서 김이 나는 것은 물이 수증기로 변하는 **현상**이다.

 를 부탁해!

지난 몇 년 동안 코로나19와 함께하면서 내가 점점 살이 찌는 이상한 현상이 나타나고 있어. 네가 보기엔 어떠냥?

내가 보기엔 아주 당연한 현상 같은데? 코로나는 핑계고 너 원래 군것질 많이 하잖아.

앗! 그런가? 하하.

그래. 이제부턴 현재의 상태만이라도 잘 유지해 봐. 현! 상! 유! 지!

 퀴즈대결

1. 수증기가 물로 변하는 (   )을 응결이라고 한다.

2. 다음 중 현상의 의미가 <u>다른</u> 하나는?

① 지구 온난화 현상   ② 열대야 현상

③ 핵가족화 현상   ④ 현상 수배범

예쁘냥의 하루

끓다

라면을 먹기 위해서 물을 끓여 본 적 있어? 처음에는 조용했던 물속에서 기포가 보글보글 올라와 터지잖아. 이렇게 '액체가 몹시 뜨거워져서 소리를 내면서 거품이 솟아오르는 것'을 '끓다'라고 해. 물의 표면과 물속에서 물이 수증기로 상태가 변하는 현상이지.

서술어 친구들

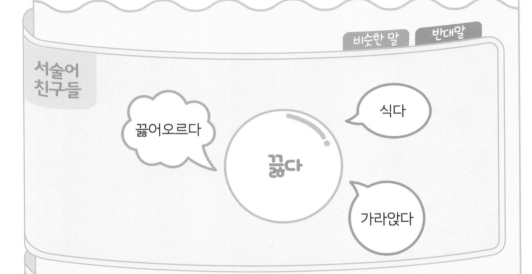

비슷한 말 | 반대말

끓어오르다

끓다

식다

가라앉다

개념어랑 서술어랑

기포, 수증기, 현상 + 끓다

물이 끓을 때 물속에서는 어떤 현상이 나타날까? 물속에서 기포가 생겨 올라오는데, 기포는 물이 수증기로 변할 때 만들어지지. 끓인다고 하니 맛있는 김치찌개가 생각나는 걸? 오늘 저녁 메뉴는 김치찌개 어때?

찌개가 맛있게 끓었어.

맺히다

따뜻한 물로 샤워한 후에 목욕탕 거울에 물방울이 맺혀 있는
거 본 적 있지? 맑은 날 아침 거미줄에 맺힌 물방울은? 또 운동을 열심
히 하면 이마에 땀도 맺히잖아? 이렇게 물방울이나 땀방울이 생겨 매달리
게 되는 걸 '맺히다'라고 표현해.

비슷한 말　반대말

서술어 친구들

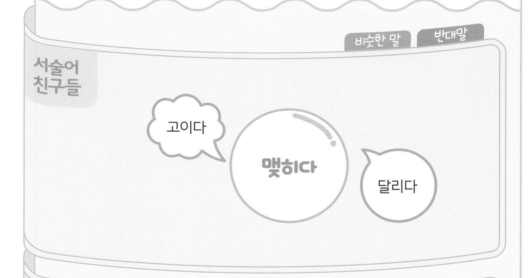

고이다

맺히다

달리다

개념어랑 서술어랑

응결, 이슬, 제습기 + 맺히다

우리 주변에서 볼 수 있는 응결의 예가 뭐가 있을까?
이른 아침 풀잎에 맺힌 이슬, 공기 중의 수증기를 응결
시켜 습기를 없애는 제습기가 대표적이지. 그리고 운동
을 열심히 했을 때 맺히는 땀방울도 응결의 예야.

하나둘 하나둘!

변하다

물은 얼면 얼음이 되고 얼음이 녹으면 다시 물이 되잖아. 물이 증발하면 수증기가 되고 수증기는 응결해서 다시 물이 되고 말이야. 물은 정말 다양하게 모습이 변하는 것 같아. 무엇이 다른 것이 되거나 혹은 다른 성질로 달라지는 것을 '변하다' 라고 해.

비슷한 말   반대말

서술어 친구들

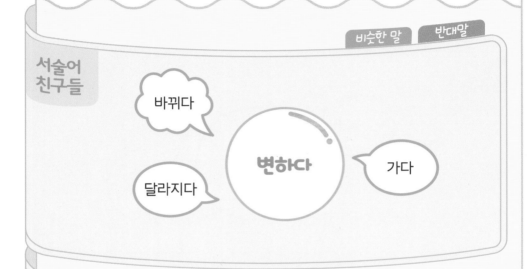

바뀌다

달라지다

변하다

가다

개념어랑 서술어랑

계량기, 무게 + 변하다

물이 얼음으로 변해도 무게는 변하지 않지만, 부피는 늘어나기 때문에 겨울철 수도관의 물이 얼면 늘어난 부피 때문에 수도 계량기가 터진대. 이번 겨울에는 적당히 추웠으면 좋겠다.

이렇게 수도 계량기를 감싸 주면 터지는 일이 없을 거야.

푹~

뿌옇다

황사가 심한 날 창밖을 보면 하늘이 뿌옇게 보이지? 미세먼지가 '나쁨' 수준일 때도 옆 건물이 잘 안 보일 정도로 뿌옇고. 그럴 때 '뿌옇다'는 표현을 써. 연기나 안개가 낀 것처럼 선명하지 못하고 좀 허옇다는 의미야.

비슷한 말   반대말

서술어 친구들

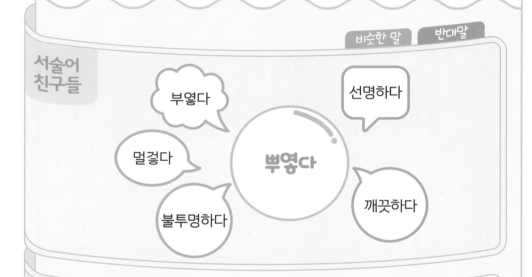

부옇다

멀겋다

불투명하다

뿌옇다

선명하다

깨끗하다

개념어랑 서술어랑

가습기 + 뿌옇다

가습기를 너무 세게 오래 틀어 두면 안개가 낀 것처럼 방 안이 뿌옇게 되는 경우가 있어. 적당히 조절해서 습도를 유지하면 좋을 것 같아.

가습기는 적당한 세기로 조절해야 해.

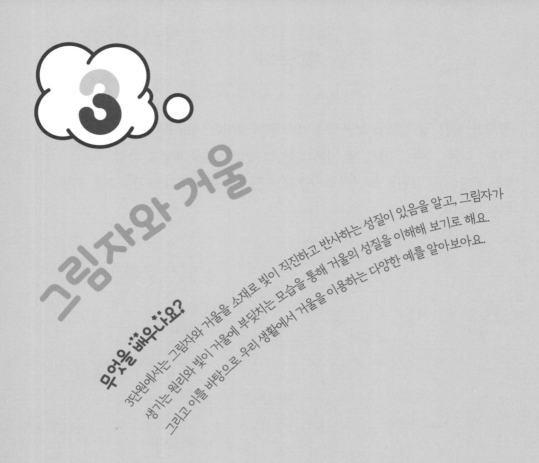

3. 그림자와 거울

무엇을 배우나요?

3단원에서는 그림자와 거울을 소재로 빛이 직진하고 반사하는 성질이 있음을 알고, 그림자가 생기는 원리와 빛이 거울에 부딪치는 모습을 통해 거울의 성질을 이해해 보기로 해요. 그리고 이를 바탕으로 우리 생활에서 거울을 이용하는 다양한 예를 알아보아요.

그림자

물체가 빛을 가려서 그 물체의 뒷면에 드리워지는 검은 그늘

 어휘교실

운동장에 나가서 그림자밟기 놀이 하자!

오늘은 날씨가 흐려서 햇빛이 없잖냥. 그럼 그림자가 안 생겨!

빛 앞에 물체가 있으면 물체가 빛을 가려 빛이 닿지 않는 어두운 곳이 생기는데 이 부분이 **그림자**이다. 빛이 없으면 그림자는 생기지 않는다.

교과서 속 어휘찾기

- 햇빛이 있는 곳에서는 그림자가 생기지만 햇빛이 사라지면 그림자도 함께 사라진다.

- 빛이 나아가다가 투명한 물체를 만나면 빛이 대부분 통과하기 때문에 엷은 그림자가 생긴다.

 **어휘친구**를 부탁해! 그림자와 그늘

오늘처럼 더운 날은 시원한 나무 그늘 밑에 누워 한숨 자면 좋겠다.

나무 그늘이라면 여기 나무 뒤에 생긴 그림자를 말하는 거냥?

맞아! 바로 거기. 오! 잘 찾네? 그늘은 어두운 부분을 말하는 거니까 그림자와 그늘은 비슷한 말이야.

 **퀴즈대결**

1. 다음 중 그림자가 생기는 날은?

① 내 생일   ② 비 오는 날

③ 해가 쨍쨍한 날   ④ 개교기념일

2. 다음 중 가장 진한 그림자가 생기는 물체는?

① 나무   ② 유리컵   ③ 투명 우산   ④ 투명한 창문

어쩌냥의 하루

20 도달

목표한 곳이나 일정한 수준에 다다름.

어휘교실

나 오늘부터 전교 1등을 목표로 공부만 할 거야.

1등!

정말? 그러지 말고 도달 가능한 목표를 정하는 게 어떠냥?

到	達
이를 **도**	통달할 **달**

교과서 속 어휘찾기

- 빛이 나아가다가 물체를 만나면 빛의 일부 또는 전부가 막혀 빛이 도달하지 못하는 부분이 생기는데 이곳에 그림자가 만들어진다.

- 창으로 들어오는 햇빛에 거울을 대면 거울에 도달한 햇빛은 방향을 바꾸어 되돌아 나간다.

목적한 곳에 닿아야 도착이야!

🐱 헉헉! 무슨 동네 뒷산이 이렇게 높고 가파른 거냥? 이제 그만 돌아갈까?

🐱 무슨 소리야! 산 정상에 도착하려면 아직 멀었는데. 목적한 곳에 닿아야 도착이지. 더 힘을 내라고!

🐱 아무래도 오늘은 정상에 도달하긴 힘들겠어. 목표를 바꿔야 할 것 같아.

1. 지난 6월, 목표 지점 도달에 성공한 우리나라 로켓의 이름은?

① 누리호   ② 누려라   ③ 누리자   ④ 에어로

2. 다음 문장에 공통으로 들어갈 단어는?

- 내일 아침 태풍이 우리나라에 (   )할 것으로 예상된다.
- 빛이 직진하다가 (   )하지 못하는 곳에 그림자가 만들어진다.

모르냥의 하루

67

21 불투명

어떤 물건의 속이나 그 물건의 반대편이 비칠 만큼 환하거나 맑지 못하고 흐릿함.

어휘교실

자! 널 위해 준비했어. 이거 마셔.

그 도자기 컵은 불투명해서 뭐가 들었는지 알 수가 없잖아. 먹어도 되는 거냥?

不	透	明
아닐 **불**	사무칠 **투**	밝을 **명**

교과서 속 어휘찾기

- 투명한 물체에는 유리, 물, 투명 비닐 등이 있고, **불투명한** 물체에는 나무, 도자기, 플라스틱, 철판 등이 있다.

- 빛이 나아가다가 **불투명한** 물체를 만나면 빛이 통과하지 못해 그림자가 검고 진하게 생긴다.

어? 그 마스크 특이하게 생겼다. 마스크를 써도 입 모양이 보이네.

응. 이거 청각 장애인들을 위해 만든 마스크야. 그들은 입 모양이 보여야 소통을 잘 할 수 있으니까 입 부분을 투명하게 만든 거지.

아! 속까지 환히 비치도록 투명하게! 굿 아이디어네.

1. (   )한 물체는 빛을 통과시키지 못해서 속이 비치지 않는다.

2. 다음 중 투명한 것에는 ○, 불투명한 것에는 △표시 하세요.

투명 비닐	유리컵	칠판
유리구슬	책가방	나무

예쁘냥의 하루

22 사방

동, 서, 남, 북 네 방위를 통틀어 이르는 말

여기는 사방이 다 산으로 둘러싸여 있네?

그래서 경치도 좋고 공기도 맑아.

四	方
넉 **사**	모 **방**

교과서 속 어휘찾기

• 태양이나 손전등에서 나온 빛은 **사방**으로 곧게 나아간다.

• 거친 표면이나 울퉁불퉁한 물체에 부딪힌 빛은 **사방**으로 반사된다.

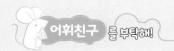

우리 동네에 유명한 연예인이 사인회를 하러 온대. 우리도 가 보자.

우아! 이 많은 사람들은 다 어디에서 온 거냥?

소문 듣고 사방팔방에서 다 모여든 것 같아.

사방팔방?

응. 여기저기 모든 방향이나 방면을 뜻하는 말이야.

1. 다음 중 사방에 해당하지 <u>않는</u> 것은?

① 동쪽   ② 서쪽   ③ 한쪽   ④ 북쪽

2. 우리나라 전래놀이 중 하나로, 바닥에 칸을 여러 개 그려 놓고 돌을 던진 다음 첫 칸부터 마지막 칸까지 다녀오는 놀이의 이름은?

① 사방치기   ② 술래잡기   ③ 고무줄놀이   ④ 말뚝박기

괜찮냥의 하루

23 스크린

영화나 환등(幻燈) 따위를 투영하기 위한 백색 또는 은색의 막, 또는 그 영화

영상이나 영화를 비치기 위한 **막**,
텔레비전 컴퓨터의 **화면**, **병풍**, **칸막이**를 뜻하기도 한다.

교과서 속 어휘찾기

- 손전등의 빛이 나아가다가 물체에 닿으면 물체와 비슷한 모양의 그림자가 스크린에 생긴다.

- 스크린을 그대로 두었을 때 손전등과 물체 사이의 거리에 따라 그림자의 크기가 달라진다.

72

어휘친구 를 부탁해!

스크린 도어?

'스크린 도어'라는 말 들어 봤냥? 난 오늘 처음 들었거든.

아! 그거. 지하철역에서 안전사고를 막기 위해 전동차와 승강장 사이에 설치한 문이잖아. 사고도 막아 주고 먼지나 소음도 막아 주는 고마운 문이지.

아하! 한마디로 '안전문'이라고 할 수 있구나.

퀴즈대결

1. 그림자 연극에 필요한 도구로, 인형에 빛을 비추어 인형의 그림자를 나타내는 막을 뜻하는 말은?

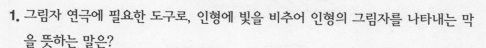

① 랜턴   ② 스크린   ③ 한증막   ④ 그늘막

2. 지하철역에서 안전사고를 막기 위해 전동차와 승강장 사이에 설치한 문을 (   ) 라고 한다.

알갓냥의 하루

73

정도

사물의 성질이나 가치를 양부(良否), 우열 따위에서 본 분량이나 수준

程 한도 정

度 법도 도

교과서 속 어휘찾기

• 빛이 통과하는 **정도**에 따라 그림자의 진하기가 달라진다.

• 투명한 물체와 불투명한 물체의 그림자가 다른 까닭은 빛이 통과하는 **정도**가 다르기 때문이다.

 **를 부탁해!**

이 문제는 4학년 수준에 안 맞는 문제 같아. 너무 어려워.

아닌데? 구구단만 외우면 풀 수 있는 문제야.

네가 내 수준을 몰라서 그래.

내가 네 수준을 왜 몰라. 수준은 사물의 가치나 등급 따위의 일정한 표준이나 정도를 말하는 거잖냥.

수준의 말뜻은 알면서 내 문제 푸는 수준은 왜 모르냥.

 **퀴즈대결**

1. 다음 (   ) 안에 공통으로 들어갈 단어는?

- 지진의 규모는 비슷해도 피해 (   )는 다를 수 있다.
- 아빠 생신 선물을 사기 위해 용돈을 오천 원 (   ) 모았다.

2. 사물의 가치나 등급 따위의 일정한 표준이나 정도를 (   )이라고 한다.

어쩌냥의 하루

75

25 조명

무대의 예술적인 효과 또는 촬영 효과를 높이기 위하여 빛을 비춤. 또는 그 빛

照 비칠 **조**

明 밝을 **명**

교과서 속 어휘찾기

• 인공적인 빛을 비추어 물체와 그 주변을 밝게 보이게 하는 것을 **조명**이라고 한다.

• 그림자 댄스 공연에서는 일반 무대 **조명**보다 훨씬 밝은 **조명**을 사용한다.

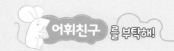 **어휘친구**를 부탁해!

우리 동네는 저녁이 되면 너무 캄캄해서 무서워.

가로등을 설치해 달라고 해야겠다. 밤거리를 밝히기 위해 설치하는 조명 시설 말이야.

좋은 생각이야. 이왕이면 예쁜 모양의 가로등으로 해 달라고 하자! 예쁜 게 좋잖냥.

 **퀴즈대결**

1. 빛을 비추어 밝게 보이게 하는 것을 뜻하는 말은?

① 거울   ② 조명   ③ 레이저   ④ 햇빛

2. 조명이 필요한 상황이 아닌 것은?

① 연극할 때   ② 드라마를 촬영할 때

③ 그림자 댄스 공연을 할 때   ④ 엄마한테 혼날 때

모르냥의 하루

직진

3. 그림자와 거울

방향을 바꾸지 않고 곧게 나아감. 똑바로 곧장 나아감.

이 근처에 있었던 것 같은데…….

음. 여기서 직진해서 조금만 더 가면 돼.

直
곧을 **직**

進
나아갈 **진**

교과서 속 어휘찾기

• 빛의 직진은 빛이 곧게 나아가는 성질을 말한다.

• 빛이 직진하다가 거울 등의 물체에 부딪치면 그 표면에서 빛의 방향이 바뀌게 된다.

78

 를 부탁해! **빛이 거울에 부딪치면 '반사'**

🐱 우아! 이 장식품은 반짝반짝 빛이 나는 게 너무 예쁘다.

🐱 미러볼이네? 거울을 공 모양으로 만든 장식품인데, 조명을 비추면 거울 조각에 빛이 반사되어 반짝반짝 빛이 나는 거야.

🐱 반사?

🐱 직진하던 빛이 거울에 부딪쳐 방향을 바꾸어 가는 것을 반사라고 해.

1. 오른쪽 교통안전 표지판을 본 자동차가 가야 할 방향은?

① 좌회전   ② 직진

③ 우회전   ④ 유턴

2. 빛은 직진하다가 거울에 부딪치면 방향이 바뀐다. (O, X)

머라냥의 하루

79

27 채광

건물에 창 따위를 내서 햇빛이 들도록 함.

어휘교실

이 방 너무 마음에 든다. 해가 잘 들고 환해.

그러게. 채광이 잘 돼서 낮에는 불을 켜지 않아도 되겠어.

採
캘 **채**

光
빛 **광**

교과서 속 어휘찾기

• 자연 **채광** 장치는 거울로 빛을 반사하여 햇빛이 들지 않는 곳으로 빛을 보내는 장치이다.

• 햇빛을 실내에 들어오게 하는 창문이나 천창 등의 시설을 **채광** 시설이라고 한다.

태백에 있는 석탄박물관에 가서 광산의 채광 작업 과정을 보고 왔는데 신기하기도 하고 살짝 무섭기도 했어.

산에 어떻게 창문을 낸다는 거냥?

창을 내서 햇빛이 들게 하는 것도 채광이지만, 석탄 같은 광물을 캐내는 것도 채광이라고 해. 예전에는 태백에서 채광을 많이 했다고 하더라고.

 냥냥이와 퀴즈대결

1. 건물에 창 따위를 내어 햇빛이 들도록 하는 것을 (   )이라고 한다.

2. 다음 중 채광이 필요한 곳은?

① 옥상   ② 지하실   ③ 마당   ④ 공원

예쁘냥의 하루

28 통과

3. 그림자와 거울

어떤 곳을 통하여 지나감.

교과서 속 어휘찾기

• 직진하는 빛이 물체 뒤로 **통과**하지 못하면 그 물체의 모양과 비슷한 그림자
  가 생긴다.

• 유리 컵, 투명 필름과 같이 빛을 대부분 **통과**시키는 물체를 투명한 물체라고
  한다.

82

이번 달리기 대회에서 예선만 통과해도 좋겠는데…….

왜? 누가 길을 막고 있어서 못 가는 거냥?

그게 아니라 검사, 시험, 심의 등의 기준에 맞아 인정되거나 합격하는 것도 통과한다고 해.

아하! 난 또 뭐라고. 걱정 마! 넌 꼭 예선 통과해서 1등도 할 수 있을 거야.

1. 빛이 통과하지 못해 생기는 어두운 부분을 뜻하는 어휘는?

① 거울   ② 그림자   ③ 근심   ④ 터널

2. 다음 중 빛이 통과하지 못해 진한 그림자가 생기는 것을 생활에 편리하게 이용한 것이 <u>아닌</u> 것은?

① 모자   ② 양산   ③ 그늘막   ④ 비닐하우스

알갓냥의 하루

곧다

의자에 오랜 시간 앉아 있다 보면 자세가 점점 흐트러지고 등이 굽을 때가 있어. 그런 자세가 습관이 되면 뼈가 휘어서 키가 잘 안 클 수도 있어. 그래서 평소에 허리를 곧게 펴고 앉도록 노력해야 해. 이렇게 굽거나 비뚤어지지 않고 똑바른 것을 '곧다'라고 해.

비슷한 말   반대말

서술어 친구들

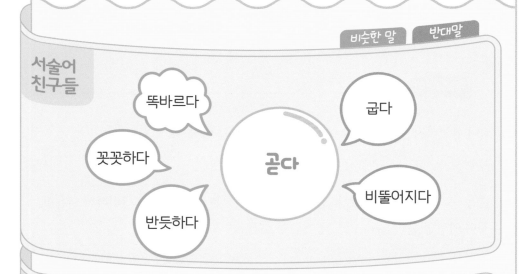

똑바르다

꼿꼿하다

반듯하다

곧다

굽다

비뚤어지다

개념어랑 서술어랑

직진, 도달, 사방 + 곧다

길을 잃었을 때는 무조건 직진하지 말고 잠시 멈추어 서서 사방을 둘러보렴. 앞만 보고 곧게 가기보다는 주변에 무엇이 있는지 살펴보고 다시 방향을 잡아서 가다 보면 곧 목적지에 도달할 수 있을 거야.

으흠, 잠시 후 우회전을 해야겠구나.

우뚝!

나아가다

빛이 나아가다가 거울에 부딪치면 방향이 바뀌잖아. 우리도 꿈을 향해 나아가다 보면 장애물에 부딪칠 때가 있어. 그럴 때 포기하지 말고 방향을 바꾸어 생각하면 분명 또다른 길이 생길 거야. 이처럼 '나아가다'는 앞으로 향하여 간다는 의미야.

비슷한 말　　반대말

서술어 친구들

가다

물러나다

나아가다

전진하다

개념어랑 서술어랑

불투명, 통과, 그림자 + 나아가다

빛이 나아가다가 불투명한 물체를 만나면 그 물체를 통과하지 못해서 그림자가 생겨. 그래서 햇빛이 강한 여름에는 모자나 양산을 쓰는 거야. 그래서 나도 이참에 예쁜 모자를 하나 샀지.

내 피부는 소중해.

닿다

눈이 펑펑 내릴 때 창밖으로 손을 내밀면 눈이 손에 닿자마자 사르르 녹아 없어지는 것을 본 적이 있을 거야. '닿다'는 어떤 물체가 다른 물체에 맞붙어 그 사이에 빈틈이 없게 된다는 뜻을 가지고 있어.

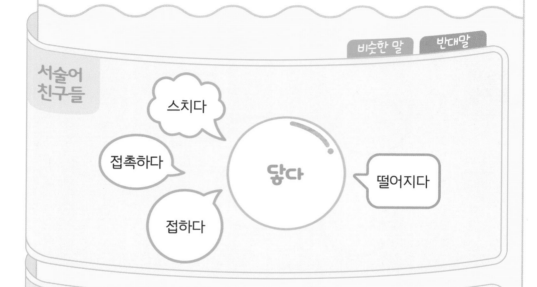

서술어 친구들

비슷한 말   반대말

스치다

접촉하다

닿다

접하다

떨어지다

개념어랑 서술어랑

채광, 정도 + 닿다

노르웨이의 리우칸 마을은 채광이 안 좋아서 마을 사람들이 산꼭대기에 큰 거울을 설치했대. 햇빛이 거울에 닿아 마을로 반사되면 햇빛을 쬘 수 있기 때문이지. 거울이 어느 정도로 커야 마을을 환하게 비출 수 있을까?

내 방에는 햇살이 가득해.

비추다

갑자기 정전이 되어 주변이 어두워지는 경험을 한 적이 있을 거야. 그럴 땐 당황하지 말고 손전등을 비추어서 주변을 밝힌 후에, 초를 켜거나 불이 다시 켜질 때까지 기다리면 돼. 이처럼 빛을 내는 대상이 다른 대상에 빛을 보내어 밝게 하는 것을 '비추다'라고 해.

비슷한 말　반대말

서술어 친구들

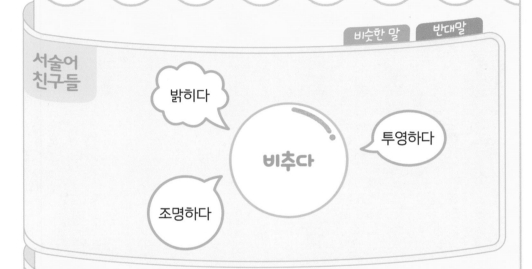

밝히다

투영하다

비추다

조명하다

개념어랑 서술어랑

조명, 스크린 + 비추다

조명과 스크린만 있으면 재미있는 그림자놀이를 할 수 있어. 조명을 켜서 나에게 빛을 비추면 뒤에 있는 스크린에 내 그림자가 생기거든. 내가 손으로 만드는 그림자가 어떤 동물인지 한번 맞혀 봐.

어떤 모양인 것 같아?

화산과 지진

무엇을 배우나요?

4단원에서는 화산 활동이나 지진과 같은 자연 현상에 관심을 갖고, 화산 활동으로 나오는 여러 가지 물질과 화성암의 생성 과정, 화산 활동이 우리 생활에 미치는 영향을 살펴볼 거예요. 또한, 지진 발생의 원인을 이해하고 지진이 났을 때 안전하게 대처하는 방법도 익힐 거예요.

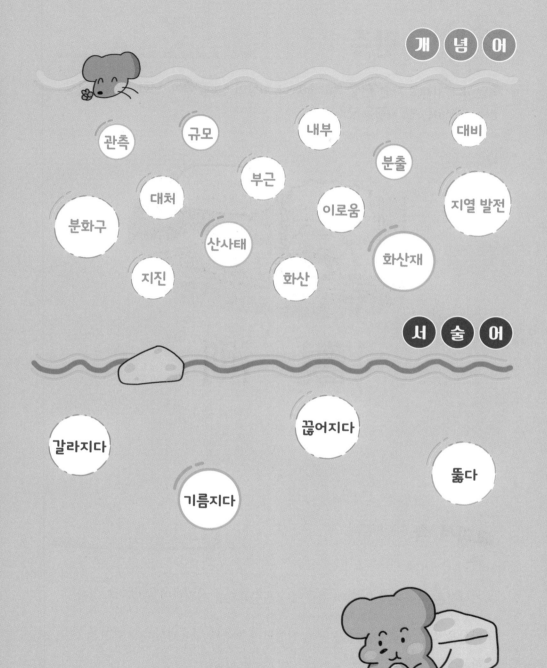

개 념 어

관측   규모   내부   대비
부근   분출
대처   이로움   지열 발전
분화구   산사태   화산재
지진   화산

서 술 어

끊어지다
갈라지다
뚫다
기름지다

29 관측

육안이나 기계로 자연 현상 특히 천체나 기상의 상태, 추이, 변화 따위를 관찰하여 측정하는 일. 사물을 살펴봄.

어휘교실

우아! 별이 이렇게 많구나.

별자리 관측하는 거냥? 나도 보고 싶어!

觀	測
볼 **관**	헤아릴 **측**

교과서 속 어휘찾기

• 기상청은 지진 관측을 위해 전국에 지진관측소를 설치하여 운영하고 있다.

• 화산을 직접 관측하는 것은 매우 위험하기 때문에 인공위성으로 화산을 관측하고 있다.

 **를 부탁해!**

장래를 헤아리는 관측

🐱 이제 슬슬 코로나19가 끝나가니까 일상도 회복되고 경제도 안정될 거라는 관측이 나오고 있대.

🐱 그런 건 어떤 기계로 관측하는 거냥?

🐱 내가 말한 관측은 어떤 사정이나 형편 따위를 잘 살펴보고 그 장래를 헤아리는 관측을 말하는 거야.

🐱 제발 그 관측이 꼭 맞았으면 좋겠다.

 **퀴즈대결**

1. 화산을 직접 (   )하는 것은 매우 위험해서 과학자들은 인공위성으로 화산 주변을 촬영하고 주변의 온도를 측정하는 방법을 생각해 냈다.

2. 신라 시대에 별자리를 관측하기 위해 만든 건축물로, 경주에 가면 볼 수 있는 문화재는 첨성대이다. (O, X)

어쩌냥의 하루

30 규모

사물의 구조나 모양의 크기와 범위

와! 이렇게나 규모가 클 줄 몰랐어.

기대된다냥!

○○ 서커스

規 법 **규**

模 본뜰 **오**

교과서 속 어휘찾기

- 지진의 세기는 지진이 일어날 때 나오는 에너지의 양을 재어 그 **규모**로 나타
  낸다.

- 지진의 **규모**가 클수록 짧은 시간 동안 넓은 지역에 걸쳐서 인명과 재산 피해
  가 크게 발생한다.

우리 동네에 있던 소규모 마트가 얼마 전에 문을 닫았대.

소규모라면 크기가 작은 가게를 말하는 거냥? 아쉽다. 규모는 작아도 내가 좋아하는 과자도 많고 가까이 있어서 좋았는데.

맞아. 요즘은 대규모 마트들이 많이 생기니까 작은 가게들이 없어지는 것 같아 안타까워.

1. 다음 중 피해가 가장 큰 지진은?

① 경북 경주 규모 5.4 지진　　　　② 경북 포항 규모 5.8 지진

③ 일본 후쿠시마 규모 7.3 지진　　④ 알래스카 규모 9.2 지진

2. 다음 중 행사의 규모가 가장 작은 것은?

① 월드컵　　　　② 올림픽　　　　③ 학교 운동회　　　　④ 세계 선수권 대회

모르냥의 하루

31 내부

31 내부

31 내부

 를 부탁해!

31 내부

물건이나 공간의 안쪽 부분

어휘교실

內	部
안 **내**	떼 **부**

교과서 속 어휘찾기

- 지층이 지구 **내부**에서 생기는 커다란 힘을 오랫동안 받아 더 이상 버틸 수 없을 때 휘어지거나 끊어지면서 땅이 흔들린다.
- 지진은 지구 **내부**에서 작용하는 힘 때문에 땅이 흔들리는 현상이다.

방학 때 시골 할머니댁에 다녀왔는데 화장실 가기가 조금 힘들었어.

왜? 화장실이 어떻게 생겼길래 힘들었냥?

화장실이 집 외부에 있어서 밤에는 혼자 가기가 무섭더라고.

외부라면 집 바깥에 화장실이 있다는 얘기냥? 밤에 화장실 가고 싶으면 불편하기 하긴 하겠다.

 퀴즈대결

1. 다음 중 건물의 내부와 외부를 드나들게 하기 위해 열고 닫을 수 있도록 만들어 놓은 시설은?

① 벽   ② 문   ③ 담   ④ 바닥

2. 지진은 지구 외부에서 작용하는 힘 때문에 땅이 흔들리는 현상이다. (O , X)

괜찬냥의 하루

32 대비

앞으로 일어날지도 모르는 어떠한 일에 대응하기 위하여 미리 준비함. 또는 그런 준비

 어휘교실

對 대할 **대**

備 갖출 **비**

교과서 속 어휘찾기

• 지진으로 인한 피해를 줄이려면 평소에 지진의 위험에 **대비**해야 한다.

• 우리가 할 수 있는 지진 **대비** 방법 중 하나는 비상식량이나 구급약품 등 생존에 필요한 물건을 미리 준비하는 것이다.

서로 맞대어 비교하는 대비

🐱 너 이번 시험 성적이 많이 올랐다며? 시험에 대비해서 공부 많이 했구나?

🐱 하하. 나름대로 열심히 준비했어.

🐱 나랑 정말 대비된다냥. 두 가지의 차이를 밝히기 위해 서로 맞대어 비교하는 대비 말이야. 너는 노력파, 나는 기분파!

1. 다음 중 지진 대비 발명품으로 볼 수 <u>없는</u> 것은?

① 지진 대비용 가방　　　　② 가구 쓰러짐 방지대

③ 구조 요청 장치가 달린 신발　　④ 우산이 달린 점퍼

2. 다음 중 의미가 <u>다른</u> 하나는?

① 노후 대비　　② 지진 대비　　③ 대왕 대비　　④ 시험 대비

알갓냥의 하루

97

33 대처

어떤 정세나 사건에 대하여 알맞은 조치를 취함.

어휘교실

어쩌냥!
뭐 하는 거냥?

지진에 대처하는
훈련을 하다가 깜빡
잠이 들었네. 쩝.

對	處
대할 **대**	곳 **처**

교과서 속 어휘찾기

• 지진은 예고 없이 발생하는 자연 재난이므로 평소에 지진 대처 방법을 알아
 두어야 한다.

• 지진이 발생한 장소나 상황에 따라 지진에 대처하는 방법이 다르다.

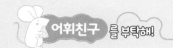 **어휘친구**를 부탁해!

오늘 학교에서 응급처치 훈련을 받았는데 실제 상황에서도 잘 할 수 있을지 모르겠어.

넌 일이나 사태에 맞추어 태도나 행동을 취하는 대응 능력이 뛰어나고 침착해서 위기의 순간에 잘 대응할 수 있을 거야.

호호. 칭찬 고마워.

 냥냥이와 **퀴즈대결**

1. 다음 중 지진 대처 방법으로 바르지 <u>않은</u> 것은?

① 비상용품 준비하기   ② 책상 아래로 들어가 머리 보호하기

③ 친구와 손 꼭 잡고 천천히 이동하기   ④ 지진 정보 확인하기

2. 대처와 비슷한 의미를 가진 어휘는?

① 대응   ② 대기   ③ 대리   ④ 대면

예쁜냥의 하루

34 부근

어떤 곳을 중심으로 하여 가까운 곳

어휘교실

附	近
붙을 **부**	가까운 **근**

교과서 속 어휘찾기

- 마그마가 땅 위로 분출하여 지표 **부근**에서 빠르게 식으면서 굳어진 현무암은 알갱이의 크기가 작다.
- 내가 사는 곳 **부근**에서 화산 활동이 일어난다고 상상하면서 화산 활동이 우리 생활에 어떤 영향을 주는지 알아보자.

34. 부근

 **어휘친구** 를 부탁해!

우리 오늘 놀러 가는 곳 부근에 맛집이 있을까?

걱정 마! 그건 내가 찾아볼게. '근처 맛집', '주변 맛집'이라고 검색하면 그 지역 가까이에 있는 맛집을 찾을 수 있어. 근처나 주변도 부근과 비슷한 의미를 가진 말이니까.

우아! 네 어휘 실력은 나날이 발전하는구냥.

 **퀴즈대결**

1. 우리나라 부근에 있는 나라가 <u>아닌</u> 것은?

① 일본   ② 중국   ③ 북한   ④ 미국

2. 다음 중 지진이 일어났을 때 가장 안전한 장소는?

① 높은 건물 부근   ② 큰 간판 부근

③ 집 부근 대피소   ④ 담장 부근

머라냥의 하루

101

35 분출

액체나 기체 상태의 물질이 솟구쳐서 뿜어져 나옴. 또는 그렇게 되게 함.

교과서 속 어휘찾기

• 화산은 땅속 깊은 곳의 마그마가 지표면으로 분출될 때 함께 나온 분출물이 쌓여 만들어진다.

• 용암은 마그마가 지표로 분출한 것 또는 그것이 분화구 근방에서 굳어져서 생성된 암석을 말한다.

화산 폭발할 때 시커먼 연기랑 불덩이랑 먼지 같은 것들이 막 뿜어져 나오는 거 봤냥?

응. 화산이 분출할 때 나오는 화산가스, 용암, 화산재와 화산 암석 조각 같은 것들을 화산 분출물이라고 해.

화산이 폭발하면 불덩이 외에도 여러 가지 물질들이 쏟아져 나오는구나.

 퀴즈대결

1. 다음 중 화산이 분출할 때 나오는 물질이 <u>아닌</u> 것은?

① 돌하르방　　　　② 용암　　　　③ 화산재　　　　④ 화산가스

2. 다음 문장에 공통으로 들어갈 어휘는?

> • 이 돌들은 용암이 (　　　)되어 생긴 것이다.
>
> • 화산이 (　　　)을 멈추면 분화구에 물이 고여 커다란 물웅덩이가 생기기도 한다.

어쩌냥의 하루

103

36 분화구

화산이 터져 가스나 수증기, 불 따위의 분출물이 나오는 구멍

어휘교실

산꼭대기는 다 뾰족한 줄 알았는데 아닌 것들도 있네?

화산은 꼭대기에 움푹 파인 분화구가 있어서 그래.

噴
뿜을 **분**

火
불 **화**

口
입 **구**

교과서 속 어휘찾기

• 화산 꼭대기에는 사발 모양으로 움푹 파여 있는 분화구가 있다.

• 화산의 분화구에 물이 고여 한라산의 백록담, 백두산의 천지와 같은 호수가 생기기도 한다.

104

🐱 뜨거운 불을 내뿜던 분화구에 호수가 생기다니 정말 신비롭다.

🐱 그렇지? 화구에 물이 고여 생긴 호수를 화구호라고 해. 한라산의 백록담이 대표적이지.

🐱 그럼 백두산의 천지도 화구호냥?

🐱 백두산의 천지는 그보다 큰 칼데라호야. 분화구 주변이 꺼지면서 규모가 훨씬 커진 지형을 칼데라라고 하거든.

1. 다음 중 화산이 터져 가스나, 수증기, 불 등의 분출물이 나오는 구멍을 뜻하는 어휘는?

① 쥐구멍　　　　② 분화구　　　　③ 비상구　　　　④ 환풍구

2. 다음 중 화구에 물이 고여 생긴 화구호는?

① 백록담　　　　② 나로호　　　　③ 석촌호수　　　　④ 산정호수

괜찬냥의 하루

37 산사태

4. 화산과 지진

큰비나 지진 따위로 인하여 산 중턱의 바윗돌이나 흙 따위가 갑자기 무너져 내리는 현상

어휘교실

이번에 내린 큰비로 산사태가 일어나 피해가 크대.

맞아! 돌무더기랑 흙이 쏟아져 내려와서 도로가 사라져 버린 곳도 있대.

山	沙	汰
메 **산**	모래 **사**	일 **태**

교과서 속 어휘찾기

• 규모가 큰 지진이 발생하면 땅이 갈라지거나 **산사태**가 일어나기도 하므로 주의해야 한다.

• **산사태**는 산의 흙이나 암석들이 경사면을 따라서 미끄러져 내리는 자연 현상이다.

106

 어휘친구 를 부탁해! **산사태를 막기 위한 둑, 사방 댐**

🐱 사방 댐 덕분에 이번 산사태 피해를 줄일 수 있었대.

🐱 누구신지 몰라도 정말 고마운 분이구냥.

🐱 하하. 사방 댐은 산사태나 홍수를 막기 위해 만들어 놓은 둑을 말하는 거야.

 퀴즈대결

1. 다음 설명에 해당하는 현상은?

> 큰비나 지진으로 인해 산에서 바윗돌이나 흙 등이 갑자기 무너져 내리는 현상

① 비상사태   ② 산사태   ③ 아롱사태   ④ 날벼락

2. 산사태가 일어나는 원인에 해당하지 <u>않는</u> 것은?

① 큰비   ② 지진   ③ 화산   ④ 가뭄

알갓냥의 하루

38 이로움

(일이나 사물이) 이익이 있다는 뜻의 '이롭다'의 활용

利 로 움

이로울 **리(이)**

교과서 속 어휘찾기

• 화산 활동은 우리 생활에 여러 가지 **이로움**을 주기도 한다.

• 화산 주변 땅속의 열로 온천을 개발하고, 그 열을 이용해 전기를 얻는 것은
  화산 활동의 **이로움**이다.

이로움이 있으면 해로움도 있지

난 사과가 너무 좋아. 건강에도 좋고 피부에도 좋고.

사과가 우리 몸에 이로움만 주는 것은 아니야. 늦은 밤에 먹으면 깊은 잠을 자는 데 방해가 되거나, 신맛 때문에 위에 부담이 되는 해로움도 있다고.

1. 다음 중 화산 활동의 이로움에 해당하는 것은?

① 화산 주변의 온천   ② 화산재로 뒤덮인 마을

③ 용암이 일으킨 산불   ④ 화산재에 의한 비행기 엔진 고장

2. 다음 중 학교생활의 이로움에 해당하지 <u>않는</u> 것은?

① 배움이 있는 교실   ② 친구들과 즐거운 활동

③ 영양이 가득한 급식   ④ 불규칙적인 생활 습관

예쁜냥의 하루

39 지열 발전

4. 화산과 지진

땅속에서 나오는 증기나 더운물을 이용하는 발전. 지구 내부의 열을 이용하여 전기를 얻는 방법

교과서 속 어휘찾기

- 화산재는 식물의 성장에 필요한 성분이 포함되어 있어 땅을 기름지게 만들기도 하고, 땅속의 높은 열은 온천이나 **지열 발전**에 이용되기도 한다.

- 아름답고 독특한 화산 지형은 관광지로 이용할 수 있고, 화산 주변의 열은 온천이나 **지열 발전**에 이용할 수 있다.

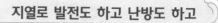

이번 겨울은 많이 춥다는데 보일러를 미리 점검해 봐야 하지 않겠냥?

우리도 '지열 난방'을 해 볼까? 지하에 설치한 열교환기를 통해 지열 에너지를 흡수해서 난방에 이용하는 것 말야.

땅속의 높은 열을 알뜰하게 이용할 수 있겠네? 찬성!

 퀴즈대결

1. (ㅈ ㅇ ㅂ ㅈ)은 땅속의 높은 열을 이용해 전기를 생산해 내는 것으로, 온실가스와 오염 물질이 거의 배출되지 않는다는 장점이 있다.

2. 지열 발전소를 설치하기에 적합한 지역은?

① 화산 주변　　　　　　　② 우리 집 주변

③ 친구 집 주변　　　　　　④ 지진이 자주 일어나는 곳

어쩌냥의 하루

④ 지진

땅속에서의 화산 활동, 단층 운동, 지하수 침식 따위로 지각이 일정 기간 동안 갑자기 흔들리며 움직이는 것

어휘교실

地
땅 **지**

震
우레 **진**

교과서 속 어휘찾기

- 지진은 지층이 지구 내부에서 생기는 커다란 힘을 받아 끊어지면서 땅이 흔들리는 현상이다.

- 지진은 땅이 흔들리고 갈라지는 것뿐만 아니라 화재, 쓰나미, 산사태 등을 함께 발생시켜 많은 피해를 준다.

 **어휘친구** 를 부탁해! **지진이 바닷속에서 일어나면?**

바닷가에서 놀다가 지진이 일어나면 빨리 바닷물 속으로 대피하는 게 좋겠지?

무슨 소리냥! 바다 밑에서도 지진이 발생하면 '지진 해일'이라는 커다란 파도가 생긴다고. 훨씬 더 위험해질 수 있어.

지진 해일? 그렇구나. 지진이 일어나면 땅도 바다도 다 위험하구나.

 냥냥이와 **퀴즈대결**

1. 지구 내부에서 작용하는 힘을 오랫동안 받으면 땅이 끊어지면서 (   )이 발생한다.

2. 지진의 피해 사례에 해당하지 <u>않는</u> 것은?

① 건물이 무너짐.   ② 도로가 끊어짐.

③ 산사태가 일어남.   ④ 관광지가 형성됨.

머라냥의 하루

화산

땅속에 있는 가스, 마그마 따위가 지각의 터진 틈을 통하여 지표로 분출하는 지점,
또는 그 결과로 생기는 구조

어휘교실

지금 화산이 폭발한다면
어떤 일이 일어날까?

예전에 화산 폭발
영상을 본 적이 있는데 뜨거운
불기둥에 검은 연기까지…….
생각만 해도 끔찍해!

火
불 **화**

山
메 **산**

교과서 속 어휘찾기

• 마그마가 분출한 후 생긴 지형을 **화산**이라고 한다.

• 백두산, 한라산, 울릉도는 옛날에 활동한 적이 있는 우리나라의 대표적인 **화
산**이다. 세계 여러 곳에는 다양한 크기와 모양의 **화산**이 있다.

우리나라에도 화산이 있냥?

응. 백두산, 울릉도, 제주도가 대표적이지. 더군다나 이 세 화산은 활화산으로 분류되어 있어. 활화산은 '지금도 화산 활동을 계속하고 있는 화산'이란 뜻인데, 옛날에 활동했다가 지금은 잠시 쉬고 있지만 언제 다시 폭발할지 알 수 없대.

그렇구나. 긴장되는 걸?

냥냥이와 퀴즈대결

1. 다음 중 우리나라의 화산이 <u>아닌</u> 것은?

① 한라산   ② 백두산   ③ 스트롬볼리   ④ 울릉도

2. 다음 설명을 읽고 맞으면 ○, 틀리면 ×표 하세요.

- 화산은 크기와 모양이 다양하다. (   )
- 화산 활동은 우리 생활에 위험한 피해만 준다. (   )

괜찬냥의 하루

이 돌고래 귀엽지 않냥?

이건 돌고래가 아니고 예전에 독도 근처에 많이 살던 강치라는 바다사자야.

아, 독도라면 동해에 있는 화산섬?

맞아. 아주 오래전 화산 활동으로 분출된 용암이 식으면서 만들어진 섬이지.

42 화산재

화산에서 분출된 용암의 부스러기 중에서 크기가 4mm보다 작은 알갱이

어휘교실

엥! 이 사진은 왜 흑백이냥?

마을이 화산재로 뒤덮여 흑백사진처럼 보이는 거야.

火	山	재
불 **화**	메 **산**	

교과서 속 어휘찾기

• 화산이 분출할 때 나오는 화산 가스, 용암, **화산재**와 화산 암석 조각 등을 화산 분출물이라고 한다.

• 화산 분출물에는 기체 상태의 화산 가스, 액체 상태의 용암, 고체 상태의 화산재와 화산 암석 등이 있다.

116

 **를 부탁해!**

화산 암석, 화성암

화산이 폭발하면 다양한 물질들이 분출된대. 알고 있었냥?

응. 그중 고체 상태의 분출물로는 화산재와 화산 암석 조각이 있는데, 이렇게 화산 활동과 마그마로 만들어진 암석을 화성암이라고 해.

화산이 분출하면 용암만 흐르는 줄 알았더니 돌가루에 크고 작은 돌덩이까지……. 화산 폭발은 정말 무서워.

1. 화산재는 기체, 액체, 고체 중에 어떤 상태의 물질인가?

   ① 기체   ② 액체   ③ 고체   ④ 가스

2. 화산재가 주는 피해에는 '피', 이로움에는 '이'라고 쓰세요.

   ① 화산재로 비행기의 운항이 중단   (   )

   ② 화산재로 기름지게 된 땅   (   )

예쁘냥의 하루

갈라지다

오랫동안 비가 오지 않아 가뭄이 든 논을 본 적 있니? 마른 땅에 물기가 하나도 없어 마치 거북이 등딱지처럼 쩍쩍 갈라져 있는 모습을 보면 너무 안타까워. 그걸 보는 농민들의 마음도 무척 아플 것 같아. '갈라지다'는 쪼개지거나 금이 간다는 뜻을 가진 단어야.

비슷한 말   반대말

**서술어
친구들**

짜개지다

결합하다

갈라지다

찢어지다

뭉치다

개념어랑
서술어랑

관측, 규모, 지진, 대처 + 갈라지다

우리나라에는 지진을 관측하는 지진관측소가 있어. 지진이 발생하면 땅이 흔들리고 도로가 갈라지면서 큰 피해가 생기니까 관측소에서 지진의 규모, 발생 위치 등을 분석해서 사람들이 지진에 대처할 수 있도록 돕는 거지.

여기에서 지진을
관측하는구나.

지진 관측소

기름지다

식물이나 농작물이 잘 자라는 땅의 흙을 보면 정말 기름진 것을 볼 수 있어. 음식 찌꺼기를 발효시켜서 퇴비로 만들면 기름진 땅을 만들 수 있다고 해. 지렁이, 각종 미생물들이 살아 숨 쉬는 건강한 땅이지. '기름지다'는 땅이 양분이 많은 상태에 있는 것을 뜻해.

서술어
친구들

비슷한 말 | 반대말

비옥하다

기름지다

걸다

개념어랑
서술어랑

화산, 분화구, 분출, 화산재, 이로움 + 기름지다

화산 활동이 시작되면 **분화구**를 통해 다양한 물질이 **분출**돼! 그중 **화산재**는 우리 생활에 **이로움**을 주기도 하는 분출물이야. **화산재**로 땅이 기름지게 되고 화장품도 만들 수 있거든. 나도 **화산재**로 만든 화장품 사러 가야겠다!

엄마께도 선물해야지.

끊어지다

지난번 뉴스에서 인도네시아 한 시골 마을의 등굣길을 본 적이 있어. 큰 홍수 때문에 학교로 가는 길에 설치된 나무다리가 끊어져 학생들이 밧줄에 매달려서 아찔하게 다리를 건너고 있었어. '끊어지다'는 길이나 다리 따위가 양쪽으로 연결되지 않는 상태를 말해.

비슷한 말 반대말

서술어 친구들

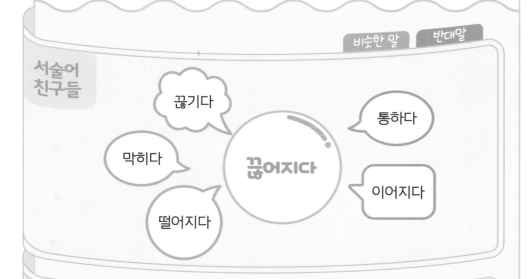

끊기다

막히다

떨어지다

끊어지다

통하다

이어지다

개념어랑 서술어랑

내부, 지진, 산사태, 대비 + 끊어지다

땅이 지구 내부의 힘을 오랫동안 받다가 끊어지면서 흔들리는 것이 지진이야. 지진이 발생하면 도로가 끊어지고 산사태가 일어나며 건물이 무너지기도 해. 그래서 지진에 대비해 지진이 나도 쉽게 흔들리지 않는 건물을 연구하기도 해.

앗! 지진이 발생한 걸까?

뚫다

집에 하수구나 변기가 막혀서 고생해 본 적 있어? 물이 잘 내려가던 변기가 막히고 싱크대가 막히면 정말 불편하잖아. 그럴 때 압력을 이용해서 변기를 뚫는 기구를 사용하면 막힌 변기나 하수구를 시원하게 뚫을 수 있어. '뚫다'는 막힌 것을 통하게 한다는 의미야.

비슷한 말   반대말

서술어 친구들

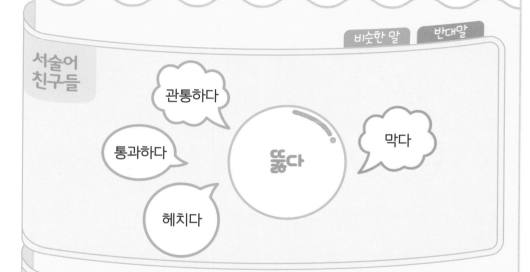

관통하다

통과하다

뚫다

막다

헤치다

개념어랑 서술어랑

부근, 지열 발전 + 뚫다

땅속 마그마가 땅의 약한 틈을 뚫고 지표로 분출하는 것을 화산 활동이라고 하지. 화산 활동은 우리 생활에 이로움을 주기도 하는데, 바로 화산 부근 땅속의 높은 열을 온천 개발이나 지열 발전에 이용하는 것이지.

지열을 이용한 온천이 있다고 해서 여행 왔어.

5.

물의 여행

무엇을 배우나요?

5단원에서는 물이 이동하거나 상태가 변하면서 순환하는 과정을 통해 일어나는 다양한 현상을 이해하고, 물이 우리 생활에서 다양하게 이용되는 사례와 물 부족 현상을 해결하기 위한 창의적인 방법을 토의하며 물의 소중함을 생각해 볼 거예요.

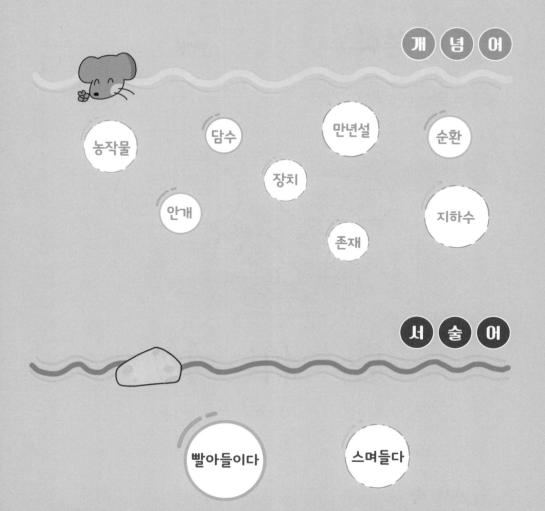

개 념 어

농작물
담수
만년설
순환
장치
안개
지하수
존재

서 술 어

빨아들이다
스며들다

43 농작물

5. 물의 여행

논밭에 심어 가꾸는 곡식이나 채소

교과서 속 어휘찾기

- 모든 생물체가 살아가는 데 꼭 필요한 물질인 물은 **농작물**을 기르는 데에도 필수적인 요소이다.

- 물의 이용량이 증가하면서 우리가 쓸 수 있는 물이 점점 부족해지고, 이로 인해 **농작물**이 잘 자라지 못하며 마실 물이 부족해지는 등 많은 어려움이 생기게 되었다.

農 농사 **농** 作 지을 **작** 物 물건 **물**

124

올해는 태풍의 피해가 커서 할머니, 할아버지께서 걱정이 많으셔.

그러게. 이제 다 익은 농작물을 수확하는 일만 남았는데 태풍 때문에 힘들게 키운 농작물들이 다 망가져서 너무 속상하시겠다.

응. 내가 도와드릴 일이 없는지 여쭤봐야겠어.

1. 다음 중 농작물에 해당하지 <u>않는</u> 것은?

　① 배추　　　　　② 감자　　　　　③ 팝콘　　　　　④ 오이

2. 농작물을 기르는 데 반드시 필요한 한 가지는?

　① 물　　　　　② 불　　　　　③ 약　　　　　④ 잠

어쩌냥의 하루

담수

강이나 호수 따위와 같이 염분이 없는 물

어휘교실

강물도 바닷물처럼 짠맛이 날까?

강이나 호수의 물은 염분이 없어서 짠맛이 안 나.

淡
맑을 **담**

水
물 **수**

교과서 속 어휘찾기

• 해수 담수화 시설은 바닷물을 생활에서 사용할 수 있는 물로 바꾸는 시설로, 물 부족 현상을 해결할 수 있다.

• 물이 부족한 나라에서는 와카 워터나 해수 담수화 시설을 설치하는 것이 바람직하다.

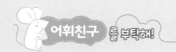
🐱 지난여름에 강에서 물고기 잡으며 놀았을 때 진짜 재미있었는데.

🐱 맞아! 민물에 사는 물고기들이 얼마나 작고 귀엽던지. 강이나 호수처럼 소금기 없는 물을 담수 또는 민물이라고 하거든.

🐱 아하! 민물에 사는 물고기라서 민물고기라고 하는구나.

 냥냥이와 퀴즈대결

1. 바닷물을 민물로 만들어 사용할 수 있는 물로 바꾸는 시설을 해수 (온수, 담수)화 시설이라고 한다.

2. 다음 문장에 공통으로 들어갈 어휘는?

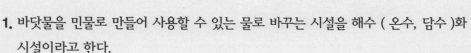

- 홍수가 나면서 많은 양의 (   )가 바다로 흘러들어갔다.
- 이 섬은 (   )가 부족해 벼농사를 지을 수 없다.

모르냥의 하루

127

45 만년설

추운 지방이나 높은 산지에 언제나 녹지 아니하고 쌓여 있는 눈. 차차 얼음덩어리가 됨.

어휘교실

저 산꼭대기 좀 봐. 설마 아직도 눈이 녹지 않은 거냥?

추운 지방이나 높은 산꼭대기에는 일 년 내내 녹지 않는 만년설이 있어.

萬	年	雪
일만 **만**	해 **년(연)**	눈 **설**

교과서 속 어휘찾기

• 물은 대부분 바다에 있으며, 강과 호수, 땅속, 높은 산의 **만년설**, 공기 중 그리고 생명체 속에도 있다.

• 높은 산의 꼭대기에는 일 년 내내 녹지 않는 눈이 있는데, 이것을 만년설이라고 한다.

지구 온난화로 만년설과 빙하가 녹고 있다는 기사를 봤어.

지상에 쌓인 눈이 얼었다 녹았다를 반복하면서 만들어진 거대한 얼음덩어리

인 빙하가 녹을 수도 있다니…… . 정말 환경 문제가 심각한가 봐.

만년설도 빙하도 다 녹아버리면 지구는 어떻게 되는 거냥?

 냥냥이와 퀴즈대결

1. 다음 중 만년설을 볼 수 있는 곳이 <u>아닌</u> 환경은?

① 아주 추운 지방   ② 깊은 바다   ③ 높은 산지   ④ 알프스

2. 다음 설명을 읽고 맞으면 ○, 틀리면 ×표 하세요.

- 만년설은 오래된 눈으로 절대 녹지 않는다. (   )
- 만년설은 아주 추운 지방이나 높은 산지에 언제나 녹지 아니하고 쌓여 있는

  눈으로, 차차 얼음덩어리가 된다. (   )

괜찮냥의 하루

46 순환

어떤 현상이나 일련의 변화 과정이 주기적으로 반복되거나 되풀이하여 돎.

어휘교실

난 다리가 아파서 더 이상 걸어서 관광하긴 힘들 것 같아.

그럼 순환 버스 타고 한 바퀴 돌아보자.

循	環
돌 **순**	고리 **환**

교과서 속 어휘찾기

• 물이 상태가 변하면서 육지, 바다, 공기, 생명체 사이를 끊임없이 이동하는 것을 물의 순환이라고 한다.

• 물은 계속 순환하지만 지구에 있는 전체 물의 양은 거의 변하지 않는다.

요즘 책 읽기 참 좋은 날씨 같아. 읽다 보니 다른 책도 읽어 보고 싶고 점점 새로운 것에 관심이 생기고 있어.

오! 선순환이 일어나고 있네. 좋은 현상이 끊임없이 되풀이되는 것을 선순환이라고 해.

 냥냥이와 퀴즈대결

1. 다음 빈칸에 공통으로 들어갈 낱말은?

- 혈액 ( ) • 계절의 ( ) • ( ) 버스 • ( ) 열차

① 순환 ② 변화 ③ 스쿨 ④ 코끼리

2. 물이 순환하면서 일어나는 현상으로 알맞은 것끼리 연결하세요.

(1) 빗물이 땅에 스며듦 • • 전기를 만들어 냄

(2) 떨어지는 물의 힘 이용 • • 나무와 풀이 자람

머라냥의 하루

아함! 잘 잤다. 여기가 어디냥?

멍멍역이야.

아이고! 냥냥역을 지나쳤잖아. 왜 안 깨웠어?

깜빡했어. 순환 열차니까 한 바퀴 더 돌자.

안개

지표면 가까이에 아주 작은 물방울이 부옇게 떠 있는 현상

어휘교실

오늘 안개가 짙게 껴서 앞이 잘 안 보이네.

그럼 안개 속으로 사라지면 나 못 찾겠네? 나 잡아 봐라~

안개는 수증기가 지표면 근처에서 응결하여 공기 중에
작은 물방울 상태로 떠 있는 현상으로,
주로 일교차가 큰 봄이나 늦가을, 초겨울 아침에 많이 생긴다.

교과서 속 어휘찾기

• 물이 순환하면서 구름, 비, 눈, 이슬, **안개**와 같은 기상 현상이 나타난다.

• 물이 부족한 지역에서는 물을 확보하기 위해 촘촘한 그물망을 설치하여 **안개**
속의 물방울을 모아 이용하기도 한다.

 **어휘친구**를 부탁해!

안개와 구름의 차이는?

작은 물방울들이 모이면 구름이 되는 거라고 배웠는데, 안개는 또 뭐냥? 안개가 되었다가 더 커지면 구름이 되는 거냥?

수증기가 높은 하늘에서 응결하면 구름인 거고, 지표면 근처에서 응결하면 안개라고 해.

아하! 보는 사람의 위치에 따라 달라지는 거구나.

 **퀴즈대결**

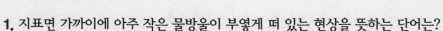

1. 지표면 가까이에 아주 작은 물방울이 부옇게 떠 있는 현상을 뜻하는 단어는?

① 안개   ② 구름   ③ 이슬   ④ 서리

2. 안개는 주로 일교차가 큰 봄이나 늦가을, 초겨울 아침에 많이 생긴다. (O, X)

알갓냥의 하루

133

48 장치

어떤 목적에 따라 기능하도록 기계, 도구 따위를 그 장소에 장착함. 또는 그 기계, 도구, 설비

어휘교실

너 오늘 친구랑 영화 보러 간다며?

어떻게 알았냥? 혹시 내 방에 도청 장치 설치한 거 아니냥?

헉!

裝
꾸밀 **장**

置
둘 **치**

교과서 속 어휘찾기

• 건조한 지역 중 안개가 자주 발생하는 곳에 그물망을 설치해 안개로부터 물을 모으는 **장치**를 안개 수집기라고 한다.

• 빗물을 모으는 **장치**를 만들거나, 공기 중의 수증기가 응결하는 현상을 이용한 **장치**를 개발하여 물을 모으는 데 활용한다.

장치와 시설은 비슷하지?

🐱 오늘 학교에서 '찾아오는 음악회' 공연이 있었는데 음악 선율이 너무 아름다웠어.

🐱 설비나 장치 따위를 차려 놓은 걸 시설이라고 하는데 우리 학교 방송 시설은 정말 최고 아니겠냥.

🐱 어쩐지. 악기 소리가 정말 아름답게 들리더라.

 퀴즈대결

1. 다음 중 장치와 비슷한 뜻을 가진 단어가 <u>아닌</u> 것은?

① 기계   ② 도구   ③ 시설   ④ 잔치

2. 건조한 지역 중 안개가 자주 발생하는 곳에 그물망을 설치해 안개로부터 물을 모으는 장치의 이름은?

① 정수기   ② 안개 수집기   ③ 물먹는 하마   ④ 빗물저금통

어쩌냥의 하루

아! 나른해. 아무것도 안 하고 있지만 더욱 아무것도 안 하고 싶은 날이야.

너 원래 매일 아무것도 하지 않고 누워만 있잖냥.

누가 나 대신 숙제랑 청소를 해 주는 장치를 발명해 주면 좋겠어.

하하. 목마른 사람이 우물을 파야지.

135

존재

사람이나 사물이 실제로 현실에 있음.

있을 **존**   있을 **재**

교과서 속 어휘찾기

• 물은 지구의 다양한 곳에 고체, 액체, 기체 상태로 존재한다.

• 우리 주변에는 무수히 많은 물체들이 존재하며, 이러한 물체를 구성하는 재료를 물질이라 한다.

이 책 속에 실존 인물이 등장한다는데 그게 무슨 말이냥?

실제로 존재하는 것을 실존이라고 해. 그러니까 책 속의 주인공이 실제로 존재하는 인물이라는 거지.

우아! 그럼 직접 만나볼 수도 있겠네? 꼭 한번 만나보고 싶다!

 퀴즈대결

1. 다음 중 우리나라에 존재하는 산이 <u>아닌</u> 것은?

① 한라산　　　② 에베레스트산　　③ 설악산　　　④ 태백산

2. 다음 (　) 안에 알맞은 말은?

> 물은 고체, 액체, 기체 상태로 지구의 다양한 곳에 (　　)한다. 바다, 강, 호수, 땅속, 높은 산의 만년설, 극지방의 빙하, 공기 중, 생명체 속에도 있다.

모르냥의 하루

137

50 지하수

비나 눈 따위가 스며들어 생긴 것으로, 땅속의 토사나 암석 따위의 빈틈을 채우고 있는 물

어휘교실

우아! 물이 엄청 시원하네.

우리 동네는 수돗물 대신에 지하수를 사용해. 그래서 더 시원한가 봐.

地	下	水
땅 **지**	아래 **하**	물 **수**

교과서 속 어휘찾기

- 구름에서 지표면으로 떨어진 비나 눈은 강, 호수, 바다로 흘러가거나 땅에 스며들어 지하수가 된다.

- 지하수란 땅속에 있는 물이다. 지하수는 대부분 비, 눈, 우박 등이 땅으로 스며들어 만들어진다.

🐱 사회 시간에 옛날 생활 모습을 배우는데 우물이라는 시설을 이용했더라고.

🐱 맞아! 옛날에는 마을마다 우물이 있었어. 물을 얻기 위해 땅을 파서 지하수를 고이게 한 시설이지. 우물에서 물을 길어 올려 사용했대.

🐱 매번 물을 퍼 올려서 사용하려면 힘들었겠다.

1. 비나 눈이 땅속에 스며들어 생긴 물은?

① 증류수   ② 알칼리수   ③ 지하수   ④ 탄산수

2. 다음 설명 중 옳은 것은 ○, 틀린 것은 ×표 하세요.

- 지하수는 호수나 강을 이루거나 바다로 흘러간다. (　　)
- 지하수는 땅속에 있어서 마시거나 활용할 수 없다. (　　)

어쩌냥의 하루

빨아들이다

냥냥이의 서술어 충전소

혹시 나무가 물을 빨아들이는 소리를 들어본 적 있어? 나무에 청진기를 대면, "꼬로로록", "쏴아아" 하는 소리가 나. 사람이 물을 마시듯 나무도 뿌리를 통해 물을 마시는 거지. 이렇게 사물이 어떤 물질을 끌어들여 흡수하는 것을 '빨아들이다'라고 말해.

비슷한 말 | 반대말

서술어 친구들

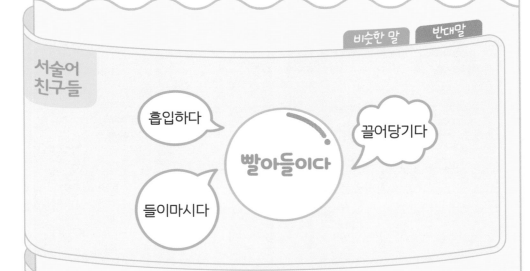

흡입하다

빨아들이다

끌어당기다

들이마시다

개념어랑 서술어랑

농작물, 담수, 안개, 장치 + 빨아들이다

물이 점점 부족해지면서 물을 충분히 빨아들이지 못한 농작물이 말라 죽고 마실 물이 부족해 어려움을 겪고 있지. 그래서 바닷물을 담수로 바꾸는 시설, 안개로 물을 모으는 장치 등을 개발하고 있어.

나무가 물 마시는 소리가 들려.

140

스며들다

비가 많이 오는 날, 운동화 신고 밖에 나갔는데 빗물이 자꾸 신발 안으로 들어와서 걸을 때마다 축축한 느낌이 들고 결국 양말이 다 젖었던 기억이 있지 않니? 얼마나 축축하고 발이 무겁던지. 이렇게 속으로 배어드는 것을 '스며들다'라고 표현해.

비슷한 말   반대말

서술어 친구들

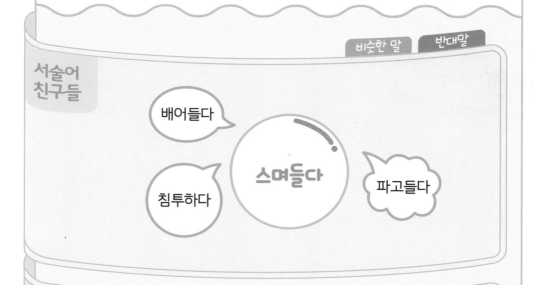

배어들다

스며들다

파고들다

침투하다

개념어랑 서술어랑

만년설, 존재, 순환, 지하수 + 스며들다

물은 지구 곳곳을 순환하면서 다양한 상태로 우리 곁에 존재해. 높은 산에서 만년설이 되기도 하고, 땅속에 스며들어 지하수가 되기도 하지. 물과 함께 지구 곳곳을 여행하면 정말 재미있겠지?

보슬비가 옷에 스며드네.

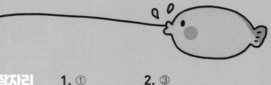

26	직진	1. ②	2. ○
27	채광	1. 채광	2. ②
28	통과	1. ②	2. ④
29	관측	1. 관측	2. ○
30	규모	1. ④	2. ③
31	내부	1. ②	2. ×
32	대비	1. ④	2. ③
33	대처	1. ③	2. ①
34	부근	1. ④	2. ③
35	분출	1. ①	2. 분출
36	분화구	1. ②	2. ①
37	산사태	1. ②	2. ④
38	이로움	1. ①	2. ④
39	지열 발전	1. 지열 발전	2. ①
40	지진	1. 지진	2. ④
41	화산	1. ③	2. ○, ×
42	화산재	1. ③	2. 피, 이
43	농작물	1. ③	2. ①
44	담수	1. 담수	2. 담수
45	만년설	1. ②	2. ×, ○
46	순환	1. ①	2. ✕
47	안개	1. ①	2. ○
48	장치	1. ④	2. ②
49	존재	1. ②	2. 존재
50	지하수	1. ③	2. ○, ×

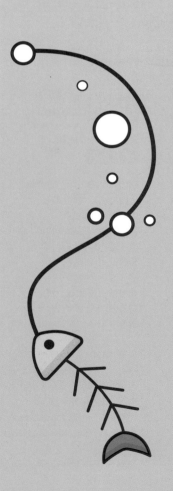

1판 1쇄 펴냄 | 2023년 8월 25일

기 획 | 이은경
글 | 이은경·이미선
그 림 | 김재희
발행인 | 김병준
편 집 | 이현주·박유진
마케팅 | 김유정·차현지
디자인 | 김용호·권성민
발행처 | 상상아카데미

등록 | 2010. 3. 11. 제313-2010-77호
주소 | 서울시 마포구 독막로 6길 11(합정동), 우대빌딩 2, 3층
전화 | 02-6953-8343(편집), 02-6925-4188(영업)
팩스 | 02-6925-4182
전자우편 | main@sangsangaca.com
홈페이지 | http://sangsangaca.com

ISBN 979-11-85402-97-0 (64080)